Rock & Song
aktuell

Rock & Song aktuell

Ein Songbuch
für die Schule

im Auftrag des
Verbandes Bayerischer
Schulmusikerzieher

herausgegeben von

Peter Granzow
Wieland Schmid
Valentin Schmitt

1984
Gustav Bosse Verlag
Regensburg

2. veränderte und verbesserte Auflage 1991

ISBN 3 7649 2296 6

Umschlag: Thomas Gießelmann
Satz: Bosse, Regensburg
Druck: Mühlbauer-Druck, Hengersberg

Inhaltsverzeichnis

Vorwort

Als die erste Auflage dieses Buches erschien, wurde im Vorwort beklagt, daß die Rockmusik im schulischen Musikunterricht „oft nur theoretisch abgehandelt wird". Das gilt heute sicher nicht mehr im selben Maße. Auch in den Schulen setzte sich allmählich die Erkenntnis durch, daß man gerade dieser Musik mit theoretischen Betrachtungen nicht gerecht werden kann. Ein Indiz für diese erfreuliche Entwicklung ist auch die rege Nachfrage nach „Rock & Song aktuell", die nun eine Neuauflage des Bandes notwendig macht.

Diese zweite Auflage ist gegenüber der ersten nur unwesentlich verändert. Drei (ältere) Songs mußten aus urheberrechtlichen Gründen ersetzt werden, Irrtümer und Druckfehler wurden verbessert. Die meisten der in dem Buch enthaltenen Lieder haben inzwischen ihre Tagesaktualität verloren, sind zu Klassikern der Popmusik geworden. Das ändert nichts an ihrer besonderen Eignung gerade für das schulische Musizieren. Die neueste Entwicklung der Rockmusik wird in einem zweiten Band von „Rock & Song aktuell" berücksichtigt, der sich in Vorbereitung befindet.

Die breite Resonanz, die „Rock & Song aktuell" bisher gefunden hat, läßt darauf schließen, daß der Band leisten kann, was die Herausgeber sich erhofften: daß er Schülern und Lehrern die Möglichkeit gibt, Rockmusik singend und spielend kennenzulernen.

Die Herausgeber

Vorbemerkungen

Zur Auswahl der Songs

Eine Auswahl von 50 Songs aus dem unübersehbaren Angebot der Rockmusik kann nicht alle Erwartungen erfüllen, alle Vorlieben berücksichtigen. Für dieses Buch waren einige Kriterien vorgegeben. Die Herausgeber wollten repräsentative Stücke aus möglichst vielen Bereichen der Rockmusik anbieten. Aber alle Songs sollen auch bei der Wiedergabe durch Lernende zu einem befriedigenden Klangergebnis führen. Deshalb mußte auf Stücke mancher Gruppen verzichtet werden, bei denen der Sound hauptsächlich durch hohen technischen Aufwand geprägt wird (Pink Floyd, Kraftwerk). Andere Interpreten zeigen vokale und instrumentale Virtuosität, die für Schüler nicht erreichbar ist (Jimi Hendrix, Keith Emerson). Schließlich gibt es auch in der Rockmusik – wie in allen Stilrichtungen der Musik – Produkte außerordentlich dilettantischer Machart; sie wurden auch dann nicht herangezogen, wenn sie sehr populär geworden sind. Bei anderen Songs verbot die allzu unverblümte Textaussage die Aufnahme in dieses Buch. Zuletzt sei erwähnt, daß auch Schwierigkeiten bei der Beschaffung von Abdruckrechten Ursache für das Fehlen des einen oder anderen Stückes sein können.

Zur Schreibweise

Bei den englischsprachigen Songs wurde grundsätzlich die ursprüngliche Schreibweise angewendet. Amerikanismen (z. B. „thru" statt „through") wurden deshalb beibehalten. Die Silbentrennung erfolgte nach den Regeln des Englischen, die von denen des Deutschen abweichen (z. B. sat - ur - day).

Zur Anwendung

Rockmusik interessiert Schüler aller Altersstufen. Die Herausgeber halten es deshalb für einen Fehler, die Behandlung dieser Musik auf eine Unterrichtssequenz in einer Klassenstufe zu beschränken. Besser ist es, Beispiele aus der Rockmusik ebenso selbstverständlich wie solche aus anderen Bereichen immer wieder heranzuziehen. Die unterschiedlichen musikalischen Strukturen und Schwierigkeitsgrade der in diesen Band aufgenommenen Songs bieten dazu die Gelegenheit. Daneben können die Bearbeitungen in diesem Buch aber auch Schülerbands, Arbeitsgemeinschaften, Neigungsgruppen den Einstieg in die Materie und die ersten Schritte zur musikalischen Selbständigkeit erleichtern.

Zu den Bearbeitungen

Bei allen Bearbeitungen war die größtmögliche Nähe zum Original das Ziel. Trotzdem mußten hie und da mit Rücksicht auf die „Machbarkeit" Kompromisse geschlossen werden. Deshalb werden vielleicht Rockmusik-Kenner letzte Raffinessen vermissen. Manchmal mußte eine virtuose Passage weggelassen, mußte auf ein kaum notierbares Melisma verzichtet werden. In der vorliegenden Form können alle Songs – das ist erprobt – im Klassenunterricht erarbeitet werden, ohne daß am Wesentlichen Veränderungen vorgenommen wären.

Bei den meisten Songs wurde für die rhythmische Begleitung auf Muster zurückgegriffen, die eine stilgerechte Ausführung ermöglichen. Wo ein gewandter Schlagzeuger, ein routinierter Gitarrist zur Verfügung steht, wird es nicht schwerfallen, diese Modelle zu verfeinern, zu variieren. Auch bei der Klavierstimme haben wir uns hin und wieder auf Begleitmuster beschränkt. Sie lassen die gerade in der Rockmusik unerläßlichen Freiräume für spontanes Musizieren. Die Anwendung und eigene Ausarbeitung dieser Vorschläge wird zu genauer Kenntnis und souveräner Beherrschung der Stücke führen.

Am Ende des Notenteils finden sich drei musikalische Modelle (Rap, Salsa, Minimal Music), die zu vielfältiger Variation und Erfindung anregen sollen.

Zum Instrumentarium

Das Instrumentarium der Bearbeitungen ist auf schulpraktische Gegebenheiten zugeschnitten. Wo mehr zur Verfügung steht, etwa ein Synthesizer, ein größeres Schlagzeug, wird es nicht schwierig sein, dafür die richtigen Verwendungsmöglichkeiten zu finden. Aber selbst mit einer sehr beschränkten Ausstattung können die Stücke musiziert werden. Die folgende Besetzungsliste stellt schon fast einen Idealfall dar:

Klavier (E-Piano)
(E-)Baß
(E-)Gitarre(n)
Schlagzeug-Grundausstattung (Bass-drum, Snare-drum, Hi-hat)
Latin-Percussion: Congas, Bongos, Maracas, Claves, Kuhglocke, Guiro
Stabspiele des Orff-Instrumentariums.

Der fantasievolle Einsatz vorhandener Mittel und das Selbstbauen einfacher Schlaginstrumente kann größere Anschaffungen ersetzen!

Allgemeine Hinweise zur Ausführung

Gesang

Der Rocksänger behandelt seine Stimme nicht im Sinne des klassischen Belcanto. Die Stimmgebung ist vom „blues feeling" beeinflußt. Bei der Ausführung folgt der Gesang nicht exakt der Notierung. Durch den perkussiven Einsatz der Stimme werden die Notenwerte häufig verkürzt. Viele Töne werden angeschliffen und erst im letzten Moment sauber gesungen.

Klavier

Das Klavier erfüllt in den vorliegenden Bearbeitungen zweierlei Aufgaben: Zum Teil handelt es sich um originale Pianosätze, zum Teil ersetzt das Klavier andere Instrumente oder dient als Stütze für den Gesang.

Beim Spiel des Rock-Piano müssen folgende Regeln beachtet werden: Passagen, die in Achteln notiert sind, werden fast immer rhythmisiert: ♩ 3 ♪ ♩ 3 ♪

Ausnahmen bilden motorische Baßfiguren („Money, money") und Walking-Bässe („Rock around the clock"). Das Pedal findet äußerst sparsame Verwendung. In vielen Fällen genügt es, die angegebenen Harmonien rhythmisch auf das Klavier zu übertragen. Die hohe Lage (ab c") des Klaviers ist nur bei manchen solistischen Passagen angebracht („Jailhouse Rock"). Die Gesangsstimme soll nur bei der Einstudierung mitgespielt werden, in der Endfassung beschränkt sich das Klavier auf seinen rhythmisch-harmonischen Part oder auf das „Fill in".

Schlagzeug und Percussion

Da die Rhythmik ein lebenswichtiges Element der Rockmusik darstellt, sollte man bei der Realisierung eines Rocksongs der Handhabung von Rhythmusinstrumenten besonderes Augenmerk schenken. Dabei kommt es nicht so sehr darauf an, möglichst viele Instrumente einzusetzen, vielmehr ist eine gezielte Beschränkung auf das Wesentliche, verbunden mit einer präzisen Ausführung, für das Gelingen erforderlich. Deshalb muß bei der Anschaffung eines Rhythmusinstrumentariums mehr die Qualität als die Quantität im Vordergrund stehen.

Für die meisten Songs in diesem Buch genügt ein einfaches Drum-Set, bestehend aus Bass-drum, Snaredrum und Hi-hat. Diese drei Instrumente bilden stets die rhythmische Basis. Überleitungsschläge („Fill in"), die normalerweise auf den Tom-toms gespielt werden, können auch von Handtrommeln oder anderen Percussionsinstrumenten übernommen werden.

Hat man keinen „gelernten" Schlagzeuger zur Verfügung, erfordert die *Bass-drum* einen eigenen Spieler. Der Klang sollte sehr „trocken" sein; dies wird am leichtesten durch Entfernen des Resonanzfelles und durch Einlegen von Dämmaterial (Decken, Schaumgummi) erreicht.

Da die *Snare-drum* meist sehr laut klingt, sollte auch sie so gut wie möglich gedämpft werden (am billigsten: Papiertaschentücher mit Klebeband am Rand des Schlagfelles befestigen!). Mit dem „rim-shot" wird eine andere Klangfarbe und eine geringere Lautstärke erreicht (Schlag auf die Kante der Trommel, wobei das dünne Ende des Sticks in der Fellmitte abgestützt wird). In den Rhythmusmodellen ist dieser Schlag eigens gekennzeichnet (Snare-drum (Kante)).

Das *Hi-hat* (Charleston-Maschine) besitzt die vielfältigsten Klangmöglichkeiten im Schlagzeugset. Neben den beiden Extremstellungen (+ = geschlossen, o = offen) ist eine Vielzahl von Mittelstellungen (d. h. Klangfarbenvariationen) möglich, wobei es einige Übung erfordert, Fuß und Hände aufeinander abzustimmen. Bedient ein eigener Spieler das Hi-hat – empfehlenswert, da in einer Klasse viele beschäftigt sein wollen –, so wird das Spiel mit den Sticks im Vordergrund stehen, der Fuß dient dann nur zur Klangregulierung. In einigen seltenen Fällen ist eine Aufspaltung des Schlagzeugsets auf mehrere Spieler nicht von Vorteil: dann nämlich, wenn Komplementärrhythmen zusammengefaßt leichter spielbar sind.

Eine besondere Schwierigkeit bei der Bedienung des Drum-Set besteht darin, daß bei allem Bemühen um Präzision auf die geringe Lautstärke des in der Regel unverstärkten Gesangs Rücksicht genommen werden muß.

Die Instrumente der Latin-Percussion fügen sich problemloser in das unverstärkte Gesamtklangbild. Natürlich müssen diese Instrumente stilgerecht eingesetzt werden. Ebenso wichtig ist ihre korrekte Handhabung.

Bongos und *Congas* sollen möglichst hoch gestimmt und auf Ständern befestigt werden. Bei der originalen Spielweise werden die Bongos mit den Knien gehalten; keinesfalls sollen sie auf dem Tisch stehen. Den besten Klang erzielt man durch federnde Schläge mit der flachen Hand auf den Fellrand. Die Notation in den Rhythmusmodellen bezieht sich jeweils auf ein Trommelpaar mit verschiedenen Tonhöhen.

Die *Kuhglocke* (Cowbell, Cencerro) hat in den meisten Latin-Stilen Metronomfunktion und muß mit der Hand gedämpft werden. Es empfiehlt sich, mit dem dicken Ende des Sticks zu schlagen.

Claves haben eine optimale Resonanz, wenn ein Klangstab in der hohlen Hand Hand liegt.

Maracas und *Schellenring* müssen aus dem Arm und nicht aus dem Handgelenk gespielt werden.

Beim *Guiro* sollen sehr rasche Bewegungen mit dem Schrapper vermieden werden. Durch unterschiedliche Geschwindigkeit und Kontaktstellenwechsel können vielfältige Klangfarben erzielt werden.

Baß

Natürlich ist in der Rockmusik der E-Baß das Baßinstrument der Wahl. Bei richtiger Einstellung der Verstärker (nicht zu hallig, nicht zu laut) prägt er den Sound entscheidend. Der Kontrabaß kann ihn jedoch durchaus ersetzen. In den Bearbeitungen dieses Buches wurde in vielen Fällen auf die spieltechnischen Eigenheiten des Kontrabasses Rücksicht genommen. Bei anderen Songs können die Baßlinien ohne Schwierigkeiten so erleichtert werden, daß sie auch ein weniger geübter Bassist bewältigt.

Andere Instrumente

Alle Bearbeitungen in diesem Buch sind als Vorschläge zu betrachten, nicht als gültige Endfassungen. Der Einsatz mancher Instrumente (Querflöte, Violine, Stabspiele) wurde deshalb bei einigen Songs angedeutet; alle Möglichkeiten konnten schon aus Platzgründen nicht notiert werden. Gerade neuere Entwicklungen zeigen, daß auch zunächst ungewohnte Klangfarben einen Rocksong bereichern können: ein Streichersatz als Harmoniestütze bei einer Ballade z. B. oder eine Oboe, die eine Melodie unterstreicht. Der Mut zum Experiment wird sich bei der Ausarbeitung der Stücke häufig lohnen. Nur bei Folklore-Songs, die im Original von einem Gitarren-Picking begleitet werden, muß vor instrumentalem „Pomp" gewarnt werden.

Begriffe und Symbole

Weder zur Terminologie noch zur Notation der Rockmusik gibt es allgemein verbindliche Normen. In diesem Buch werden folgende Bezeichnungen und Symbole verwendet:

INTRO	Das Vorspiel, das häufig zugleich als Zwischenspiel und Nachspiel verwendet wird, wird in der Rockmusik als das (der) INTRO bezeichnet.
VERS	Unter VERS versteht man eine Strophe.
CHORUS	Der Refrain eines Rocksongs heißt CHORUS.
CODA	CODA nennt man das Nachspiel.
TAKTANGABEN	werden in diesem Buch nur verwendet, wo sie zum Verständnis der Aufführungshinweise notwendig sind. Sie stehen im Kreis: ⑩
SCHLAGZEUGSTIMMEN	werden mit x gekennzeichnet. Für Congas und Bongas gilt: x = tiefere Trommel, x = höhere Trommel. Das Hi-hat kann mit geschlossenen (+) oder mit offfenen (o) Becken gespielt werden.
FADE OUT	nennt man bei Schallplattenaufnahmen das langsame Ausblenden des Gesamtklanges. Es kann durch ein gleichmäßiges decrescendo aller Stimmen angedeutet werden.

Akkordsymbole

Akkordsymbole stehen über dem System in einem Kästchen: [C]. Wo hinter einem Symbol in Klammern ein Ton angegeben ist – z. B. [C(g)] – bezeichnet er einen vom Grundton abweichenden Baßton. Allgemein bedeuten die Symbole (alle Beispiele auf c bezogen):

[C] = Durakkord 

[Cm] = Mollakkord 

[C dim.] = Verminderter Akkord 

[C7] = Akkord mit kleiner Septime 

[C7+] = Durakkord mit großer Septime 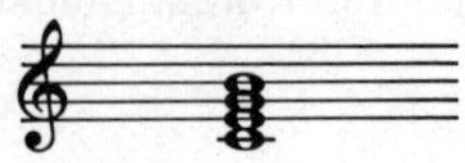

[C sus 4] = Quartvorhaltsakkord 

[C9] = Nonenakkord 

[C6] = Akkord mit hinzugefügter Sexte 

Money, Money, Money

Benny Anderson / Björn Ulvaeus
ABBA

INTRO ♩ = 120

Dm
F
have a plan if I got me a wealthy man I
have to go to Las Ve- gas or Mo - na - co and
Dm
20
H7
wouldn't have to work at all, I'd fool a- round and have a ball.
win a for- tune in a game my live will nev- er be the same.
rit.
a tempo
CHORUS
Am
H7
Mo - ney, mo-ney, mo-ney must be fun- ny
25
E7
Am
in the rich man's world.
Mo- ney, mo- ney, mo- ney
H7
E7
30
Am
al- ways sun- ny in the rich man's world. A - ha,
Dm
E7
A7
Dm
a - ha all the things I could do

(LP: „GREATEST HITS, VOL. II")

Zur Ausführung:

INTRO Takt 1–4 Klavier solo
Takt 5 + 6 Klavier, dazu Bass-drum: 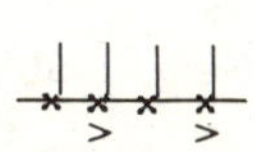, E-Baß 

VERS Dieselbe Begleitung wie in Takt 5 + 6, dazu: offenes Hi-hat (Becken): 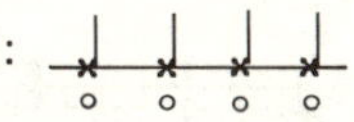
Takt 21 + 22: Klaviersolo

CHORUS Begleitmodell:

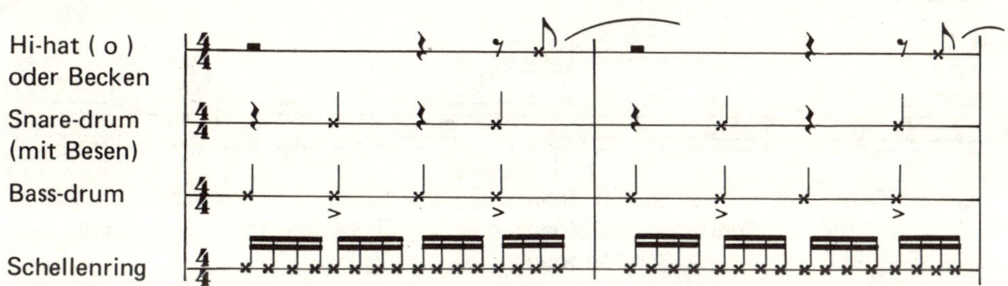

In den Takten 37–39 nur Klavier!
Der Baß spielt die Unterstimme des Klaviers mit!

Schifoan

INTRO
𝅗𝅥 = 112
WOLFGANG AMBROS
F
Dm
B
Klarinette, Violine o. ä.
C
1.
C
2.
VERS
F
1. Am Frei - tag auf 'd Nacht
Dm B C F Dm
mon - tier i de Schi auf mei Au - to und
B C F Dm B
dann be - gib i mi ins Stu - bai - tal o - der nach Zell am See
C F Dm B C
denn dort auf 'm Berg ob'n habn's oi - wei an lei - wadn Schnee
F Dm B C
Weil i wui:
CHORUS
F Dm B
Schi foan Schi
Schi foan Schi
Schi foan Schi
C F Dm
foan ou, ou, ou, ou Schi foan wei'
foan Schi foan
foan Schi foan

CHORUS (bis Fine)

3. Am Sonntag auf d'Nacht montier i die Schi auf mein Auto — aber dann überkommts mi,
I schau nochmal nauf und denk mir, aber was — i fahr no ned z'Haus, i bleib am Montag a no da.

CHORUS

(LP: „AMBROS LIVE")

Zur Ausführung:

Das populäre Skifahrerlied von W. Ambros ist in den VERSEN und im INTRO von einer zweitaktigen Rhythmusfloskel geprägt, die ständig wiederholt und von sämtlichen Begleitinstrumenten markiert wird ( ). Die beiden Viertelnoten des zweiten Taktes können jeweils mitgeklatscht werden.
CHORUS und Zwischenteil (⊕) verlangen eine Standard-Rockrhythmik. Der CHORUS klingt reizvoller, wenn dreistimmig gesungen und in den Pausen ein Echo (-foan, -foan, -foan) eingebaut wird.
Das Lied kann auch mit der akustischen Gitarre allein begleitet werden (vgl. Live-Platte von W. Ambros). Allerdings muß dann auf die Melodie im INTRO und in den Überleitungstakten verzichtet werden.

Fun, Fun, Fun

Brian Wilson / Mike Love
BEACH BOYS

2. Well, the girls can't stand her 'cause she walks, looks and drives like an ace now.
She makes the „Indy" five hundred look like a Roman chariot race now.
A lotta guys try to catch her, but she leads 'em on a wildgoose chase now.
And she'll have fun, fun, fun ...

3. Well you know all along that your dad was gettin' wise to you now.
And since he took your set of keys, you've been thinkin' that your fun is all thru now.
But you can come along with me, 'cause we gotta lotta things to do now.
And you'll have fun, fun, fun, now that daddy took the „T-Bird" away.

(LP: „THE VERY BEST OF THE BEACH BOYS")

Zur Ausführung:

Dieser typische „Surf-Rock"-Song soll mit motorischem Rhythmus wiedergegeben werden. Die Gitarren spielen Achtelnoten auf den hohen Saiten (E-Gitarren hell einstellen!), der Baß geht nach Möglichkeit mit der Unterstimme des Klaviers oder spielt diese vereinfachte Version:

Schlagzeug: Hi-hat, Snare-drum, Bass-drum, Schellenring

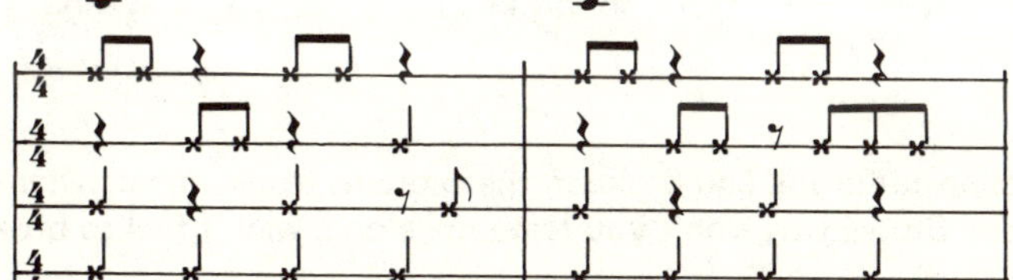

In Takt 16 ist ein Break in allen Instrumenten möglich; ab Takt 17 spielt der Schellenring Achtelnoten.

Sloop „John B."

2. First mate he got drunk and broke in the captains trunk, the constable had to come and take him away. Sheriff John Stone, why don't you leave me alone, well, I feel so broke up, I wanna go home.

3. Poor cook caught the fits, threw away all my grits, and then he took and he ate up all of my corn. Let me go home, why don't you let me go home, this here is the worst trip, I've ever been on.

(LP: „GOOD VIBRATIONS")

Zur Ausführung:

GESANG — Die Notation deutet rhythmische Verschiebungen nur an. In den Strophen, die von Solisten gesungen werden können, muß die Rhythmisierung der Sprache angepaßt werden. Der Satz im CHORUS ist für gleiche Stimmen gedacht. Im gemischten Chor singen die Frauen die beiden oberen Stimmen, die Männer die 3. Stimme in hoher Lage.

GITARREN — Gitarren spielen die Harmonien in Achteln mit folgender Betonung:

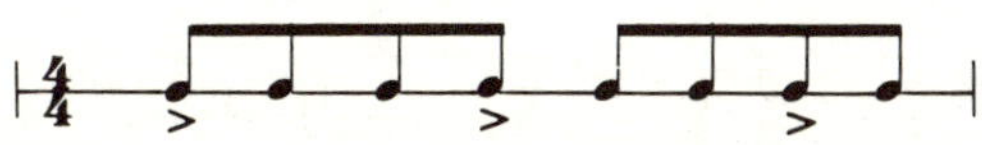

Gewandte Gitarristen lösen auf:

GITARRE

BASS

Diese beiden Stimmen kann notfalls das Klavier übernehmen!

PERCUSSION

Maracas

Kuhglocke

Claves

Holzblock

Bongos*

Congas oder Bass-drum

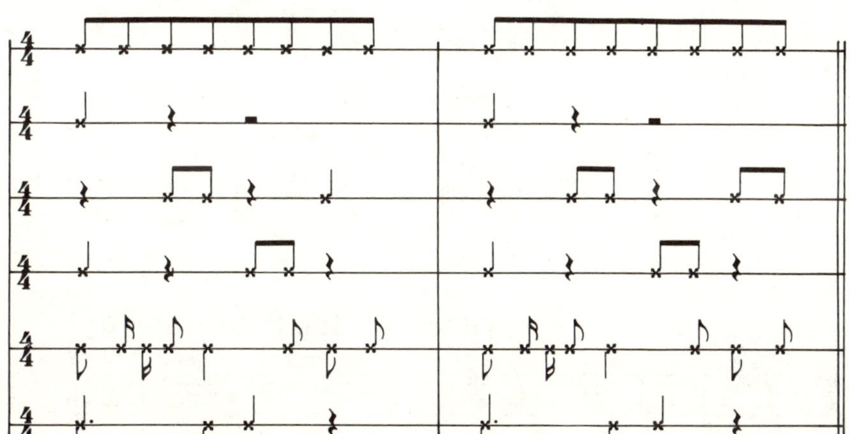

*Die Bongos können auch mit Sticks geschlagen werden; sie füllen die Übergänge zwischen VERS und CHORUS improvisierend aus.

Zum Song:

Von diesem Lied aus der amerikanischen Folklore existieren verschiedene Popfassungen; am bekanntesten wurde die Aufnahme der Beach Boys. Reizvoller als in dieser glatten Version kann der Song klingen, wenn man ihn mit Latin-Percussion begleitet.

Good Day Sunshine

John Lennon / Paul McCartney
THE BEATLES

INTRO ♩ = 126

CHORUS

2. We take a walk, the sun is shining down,
burns my feet as they touch the ground ...

KLAVIERZWISCHENSPIEL

CHORUS

3. And then we lie beneath a shady tree,
I love her and she's loving me.
She feels good, she knows she's looking fine.
I'm so proud to know that she is mine.

CHORUS

(LP: „REVOLVER")

Zur Ausführung:

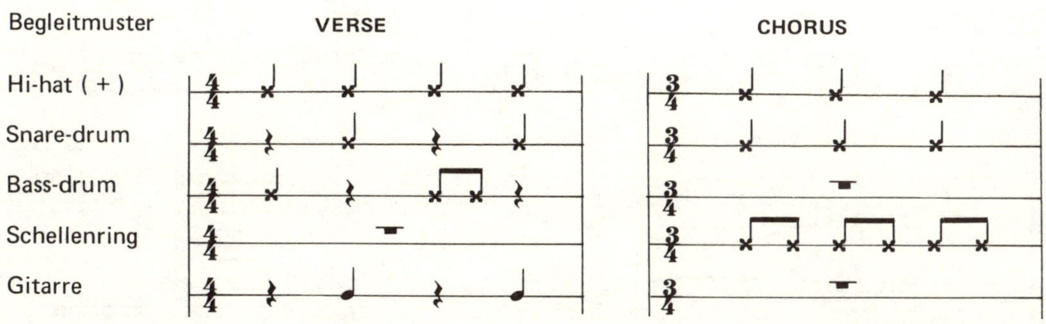

Am Schluß können die CHORUS-Takte 11 und 12 einen Ganzton höher wiederholt und im Kanon gesungen werden:

1. Chor: Good day sunshine Good day sunshine ...
2. Chor: Good day shunshine Good day ... *fade out*

Dieser Satz ist für gleiche Stimmen gedacht. Bei gemischter Besetzung singen die Männer die beiden Oberstimmen, die Frauen die Unterstimme (andere Akkordlage!).

Maxwell's Silver Hammer

John Lennon / Paul McCartney
THE BEATLES

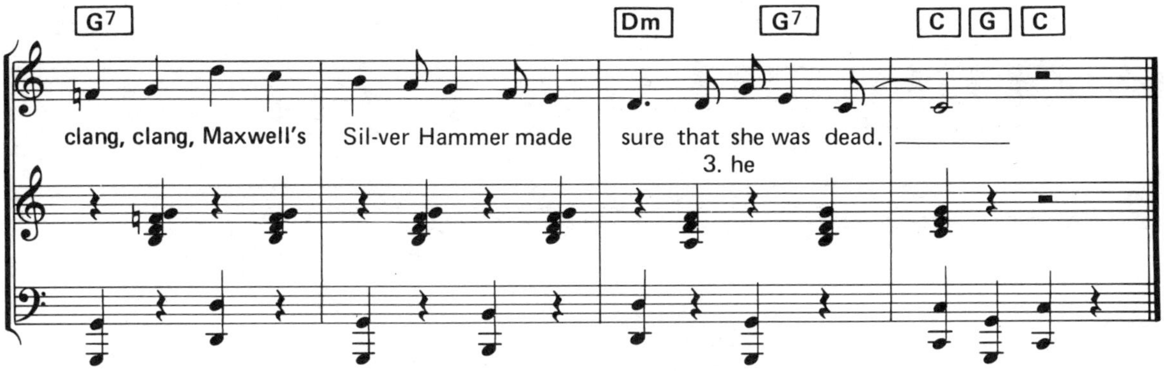

2. Back in school again, Maxwell plays the fool again,
teacher gets annoyed;
wishing to avoid an unpleasant sce-e-e-ne.
She tells Max to stay, when the class was gone away.
So, he waits behind,
writing fifty times „I must not be so-o-o-o!"
But when she turns her back on the boy, he creeps
up from behind ...

3. P. C. Thirty-One said „We've caught a dirty one!"
Maxwell stands alone,
painting testimonial pictures oh, oh, oh, oh.
Rose and Valery screaming from the gallery,
say he must go free.
The judge does not agree and he tells them so-o-o-o.
But as the words are leaving his lips, a knock came
from behind ...

(LP: „ABBEY ROAD")

Zur Ausführung:

Rhythmische Begleitmuster: Bass-drum

Snare-drum

Hi-hat (+)

Schellenring
(nur im CHORUS)

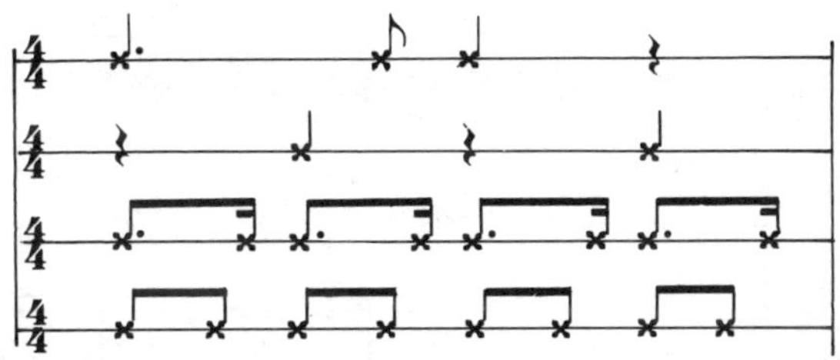

Im CHORUS werden die Töne bei „bang, bang" und „clang, clang" mit einem Glockenspiel mitgespielt. Tremolo-Akkorde auf Xylophonen oder Klangstäben (D^7 – G^7) können dem Mittelteil unterlegt werden. Ein E- oder Kontra-Baß unterstützt die Anfangstöne der Takte im CHORUS: C, C, D, D, G, G, D G, C.

Zum Song:

Maxwell Edison, der mit seinem Hammer fürchterlich zuschlägt, trifft Joan, die er ins Kino einlud, die Lehrerin, die ihn nachsitzen läßt und den Richter, der ihn verurteilt. Der silberne Hammer tötet sie alle drei.

Paul McCartney sagt zu diesem Song: „Das ist eine Zusammenfassung der Schicksalsschläge, die einen im Leben so treffen. Kaum sieht es einmal gut aus, kommt Maxwells silberner Hammer und schlägt alles kaputt."

Wie manche andere Songs der Beatles („Honey-Pie, „When I'm 64") greift auch dieses Lied auf Stilelemente der 20er und 30er Jahre zurück: stark betonter Two-beat, Baßdurchgänge, typische Harmoniefolgen. Beim Text handelt es sich wohl um eine Groteske: eine makabre und zugleich komische Handlung wird mit Sprachelementen aus Sensationspresse und Comics dargestellt.

Ob-La-Di, Ob-La-Da

John Lennon / Paul McCartney
THE BEATLES

(LP: „THE BEATLES")

Zur Ausführung:

Die Klavierbegleitung wird – sofern nicht anders angegeben – nach Art der Takte 2 und 3 gespielt. Die synkopierten Dreiklänge im INTRO können auch von Klangstäben (bzw. Xylophon) unterstützt werden: Der CHORUS kann immer mehrstimmig ausgeführt werden. Die Gegenstimme im CHORUS spielen beliebige Instrumente (Blasinstrumente, Glockenspiel, Kazoo usw.).

Ein einfacher Rockrhythmus kann unterlegt werden:

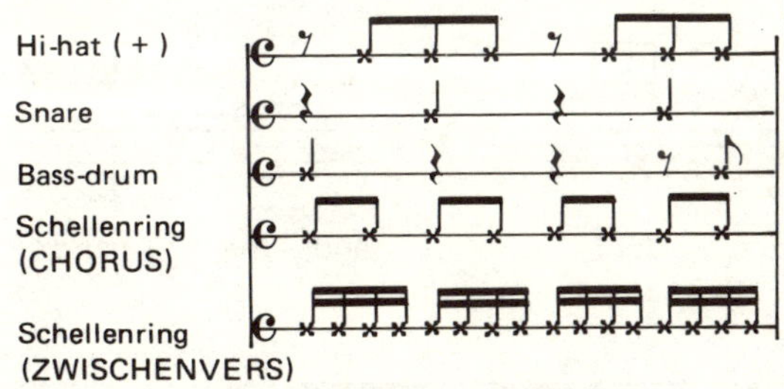

Yellow Submarine

John Lennon / Paul McCartney
THE BEATLES

2. So we sailed into the sun, 'till we found the sea of green.
And we lived beneath the waves in our yellow submarine.

CHORUS

VERS 4 Instrumental mit Geräuschen

VERS 5 As we live a life of ease, ev'ry one of us has all we need,
Sky of blue and sea of green in our yellow submarine.

CHORUS (3 x, fade out)

(LP: „REVOLVER")

Zur Ausführung:

Im 1. und im 4. (instrumentalen) VERS spielen die Begleitinstrumente (Gitarre, Klavier) und die Bass-drum den beim 1. VERS angegebenen Rhythmus. Bei den anderen VERSEN und beim CHORUS markiert die Bass-drum den Beat ( ). Das Klavier kann diese VERSE so begleiten:

Klavier

Am besten eignet sich zur Begleitung allerdings die Gitarre. Leichter wird die Akkordfolge bei Verwendung eines Kapodasters auf dem ersten Bund (VERS: E, H, A, E, Cis m, Fis m, A, H; CHORUS: E, H, H, E).

Die „Band" in den VERSEN 3 und 4 kann mit allen möglichen Instrumenten besetzt werden.

You've got to Hide your Love Away

John Lennon / Paul McCartney
THE BEATLES

VERS ♩. = 56

CHORUS

2. How can I even try? I can never win. Hearing them, seeing them in the state I'm in.
How could she say to me "Love will find a way?" Gather 'round all your clowns, let me hear you say.

CHORUS

CODA

(LP: „HELP")

Zur Ausführung:

Dieser ruhige Song wird am besten nur mit akustischen Gitarren begleitet

(Schlagrhythmus ).

Bei allen Akkorden wird das hohe *g* mitgespielt, ähnlich dem Klaviermodell:

Die Taktmitte (*) kann ein Schellenring markieren.

Im CHORUS unterstützen Maracas (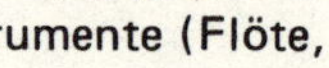) die Rhythmik.

In der CODA können beliebige Instrumente (Flöte, Violine, Metallophon) die Melodiestimmen übernehmen.

Massachusetts

♩ = 92

Barry, Robin und Maurice Gibb
THE BEE GEES

(LP: „GREATEST HITS, VOL. I")

Zur Ausführung:

Ein einfacher Klaviersatz ist die für diesen Song geeignete Begleitung:

Wird ein Schlagzeug verwendet, so benützt man Besen.

Memphis, Tennessee

CHUCK BERRY

2. Help me information, get in touch with my Marie;
she's the only one who 'd phone me here from Memphis, Tennessee.
Her home is on the south side, high up on a ridge,
just a half a mile from the Mississippi bridge.

3. Help me information, more than that I cannot add;
only that I miss her and all the fun we had.
But we were pulled appart, because her Mom did not agree,
and tore apart our happy home in Memphis, Tennessee.

4. Last time I saw Marie, she's waving me goodbye;
with hurry home drops on her cheek that trickl 'd from her eye.
Marie is only six years old, information, please,
try to put me through to her in Memphis, Tennessee.

(LP: „THE STORY OF ROCK'N ROLL")

Zur Ausführung:

Das Klavier überträgt das angegebene Muster auf die jeweiligen Harmonien. Der Baß kann die Baßstimme des Klaviers übernehmen. Gitarristen verwenden diesen Rhythmus:

Schlagzeug: Hi-hat (+)

Snare-drum

Bass-drum

Bass-drum (vereinfacht)

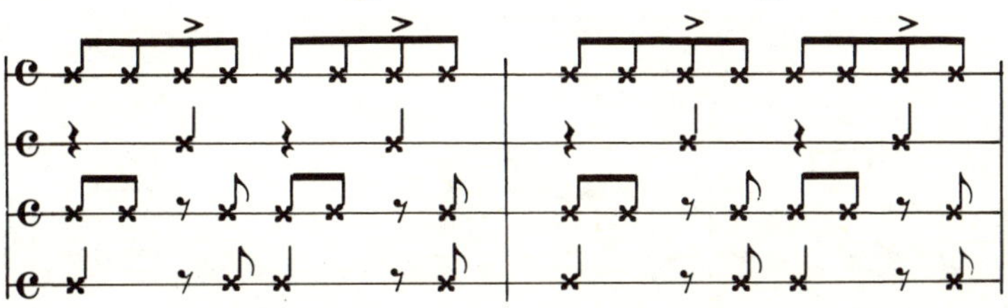

Das INTRO dient zugleich als Zwischenspiel. Es setzt jeweils mit dem letzten Takt der VERSE ein.

Zum Song:

Chuck Berry's Song wurde — wie viele seiner Kompositionen — im Laufe der Rock-Geschichte von vielen Gruppen nachgespielt. Auch eine deutsche Fassung konnte die Wurzeln des Liedes im Blues und im Rhythm & Blues nicht ganz verschütten. Interessant ist der Text, der erst in der letzten Strophe erkennen läßt, daß der Sänger von seiner Tochter spricht.

Ballo in fa-diesis-minore

Luisa und Angelo Branduardi
ANGELO BRANDUARDI

(LP: „LA PULCE D'ACQUA")

Zur Ausführung:

Möglicher Ablauf:

TEIL A:	Soloinstrument, Klatschen, Tambourin, Stabspiel, Baß
TEIL B:	Stimmen, Gitarren, Schlagzeug, evtl. Klavier
TEIL C:	Stimmen, Gitarren, Schlagzeug, Klavier
TEIL A:	Soloinstrument, Klatschen, Tambourin, Baß, Schlagzeug (Becken)
TEIL B:	Stimmen und alle Instrumente
TEIL A:	Allmähliches Wegnehmen der Instrumente, bis nach mehreren Wiederholungen das Stück in der Anfangsbesetzung beendet wird.

Das Klavier spielt nur im Notfall im TEIL A die Melodie oder die Stabspielstimme. Auch im TEIL B bleibt es am besten weg. Im TEIL C spielt es an den angegebenen Stellen die Akkorde. Das Schlagzeug beschränkt sich auf die Verstärkung des Tambourin-Rhythmus an den Höhepunkten. Gitarren spielen in angepaßter Dynamik die notierten Akkorde.

Zum Song:

Angelo Branduardi liegt diesem „Totentanz" die Melodie eines Anonymus aus dem 16. Jahrhundert zugrunde („Schirazula Marazula"). Im Lied spricht der Tod: „Ich bin der Tod und trage die Krone, bin Euer aller Herr und Meister. Ich bin so grausam, so stark und unerbittlich, daß keine Mauer mich abhält. Du bist der Ehrengast bei dem Tanz, den wir Dir aufspielen. Einen Tanz noch und vielleicht noch einen, und Du bist nicht mehr Herr Deiner Zeit".

Living on the Island

A-Teile:
2. Down in the harbour it's a show watching all the people as they come and go on the island, living on the island.
3. And up to the mountain, they're all right, tasting the first summer wine on the island, living on the island.
4. That little lady lover who's in love with me, prettiest little lady I've ever seen on the island, living on the island.
5. And when I finally sail away I know for sure I'll be back some day on the island, living on the island.

(LP: „THE GETAWAY")

Zur Ausführung:

Abfolge: INTRO – TEIL A (1. VERS) – TEIL A (2. VERS) – TEIL B – TEIL A (3. VERS) – TEIL B – TEIL A (4. VERS) – TEIL A (5. VERS) *(fade out)*

Die Teile A 3, 4 und 5 beginnen mit einer Achtelnote *g* als Auftakt.
Das Schlagwerk soll sehr dezent gespielt werden:

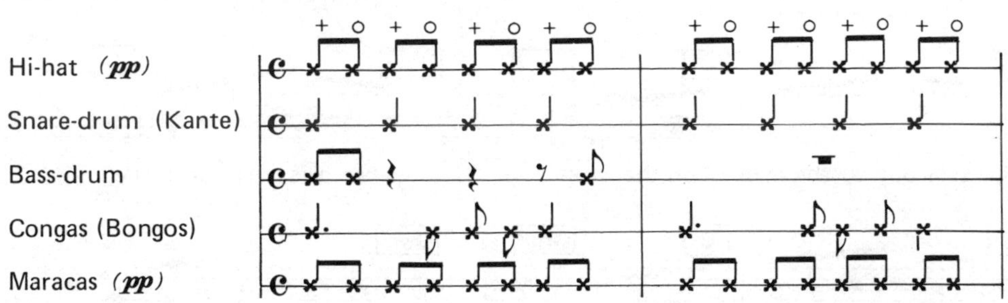

Another Day in Paradise

INTRO

BRIDGE

VERS

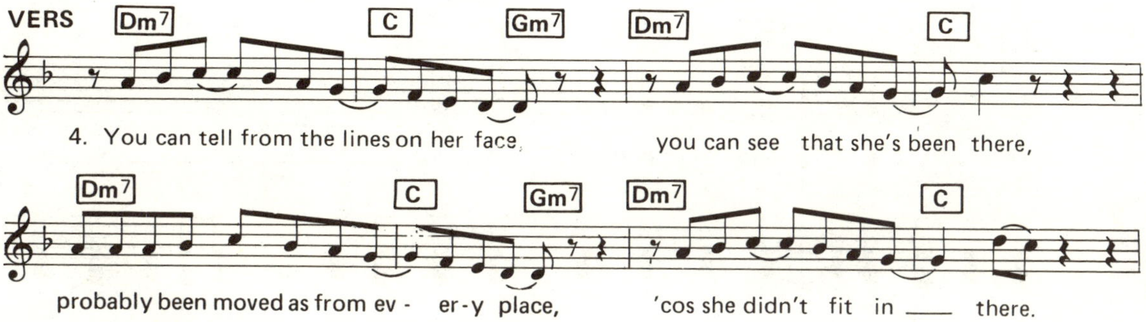

CHORUS

CODA *(über Intro-Melodie/Harmonie*

LP: (LP: „BUT SERIOUSLY 1989")

Zur Ausführung:

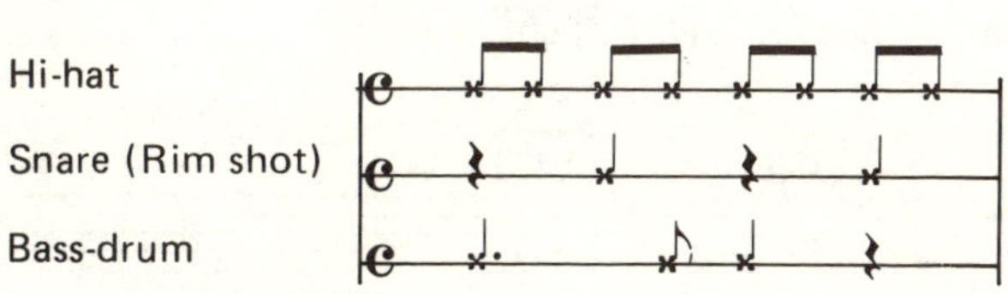

Über dieses klare Schlagzeug-Grundmuster sollten zur Begleitung am besten weiche Synthesizer-akkorde gelegt werden. Drei Querflöten in möglichst tiefer Lage könnten gegebenenfalls Ersatz leisten.

Die Intro-Melodie läßt sich auch mit Stapspielen (Metallophon, Glockenspiel) ausführen.

In der Coda wird der Gesangspart mit Melodie und Harmonik des Intros kombiniert.

Der originale Formablauf:

INTRO – VERS 1, 2 – CHORUS – INTRO – VERS 3 – CHORUS
INTRO – BRIDGE – VERS 4 – CHORUS – CODA

Bad Moon Rising

John C. Fogerty
CREEDENCE CLEARWATER REVIVAL

INTRO ♩= 92

2. I hear hurricanes ablowing, I know, the end is coming soon.
I fear rivers overflowing. I hear the voice of rage and ruin.
Don't go 'round tonight, it's bound to take your life.
There's a bad moon on the rise.

3. Hope you got your things together, hope you are quiet prepared to die.
Looks like we're in for nasty weather, one eye is taken for an eye.
Don't go 'round tonight, it's bound to take your life.
There's a bad moon on the rise.

(LP: „CRONICLE")

Zur Ausführung:

Der unkomplizierte Rock von „Creedence Clearwater Revival", der anfangs der 70er Jahre in Amerika überaus erfolgreich war, verzichtet auf alle Raffinessen. Das Schlagzeug spielt:

Hi-hat (+)
Snare-drum
Bass-drum

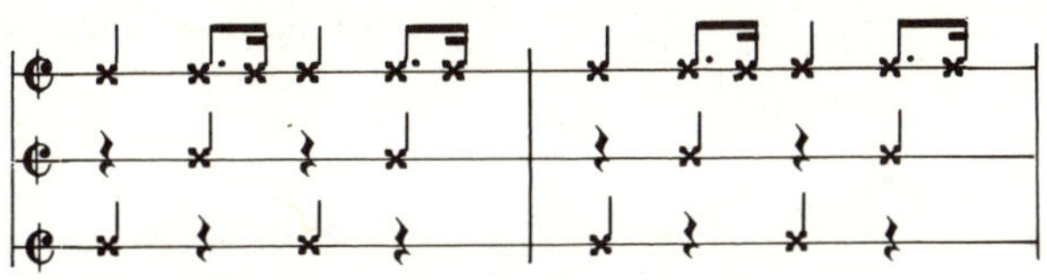

Der Baß markiert Wechselbässe auf 1 und 3, Gitarren (auch akustische) verwenden z. B. diesen Rhythmus:

Zum Song:

John Fogerty und seine Gruppe „Creedence Clearwater Revival" haben in ihren Songs immer wieder auf in der Rockmusik wenig alltägliche Themen zurückgegriffen. „Bad Moon Rising" beschreibt die Vision einer apokalyptischen Nacht.

Proud Mary (Rollin'on the River)

John C. Fogerty
CREEDENCE CLEARWATER REVIVAL

INTRO, ZWISCHENSPIEL ♩ = 144

VERS

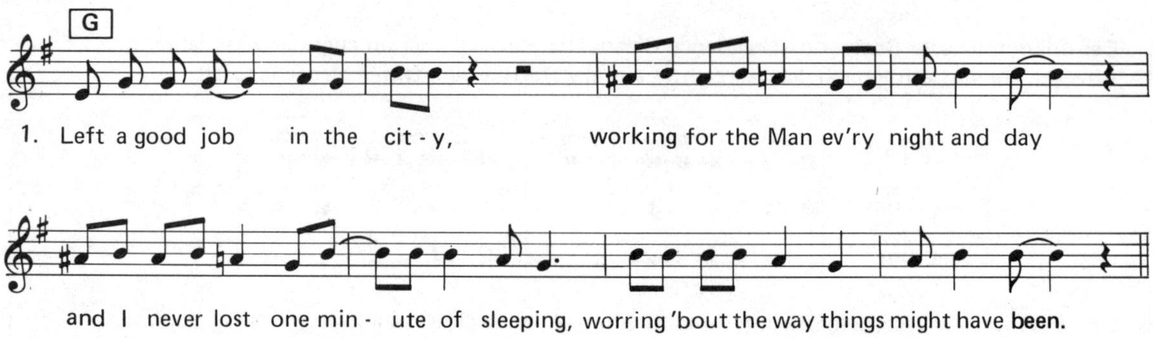

CHORUS

VERS

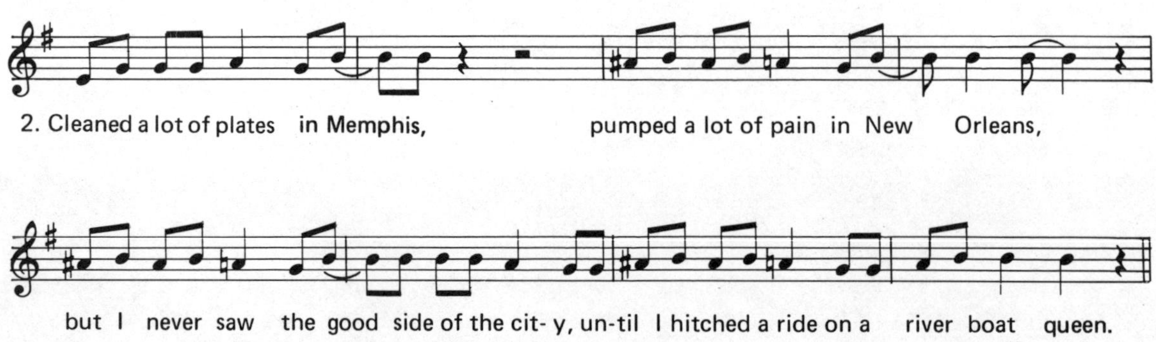

CHORUS

VERS

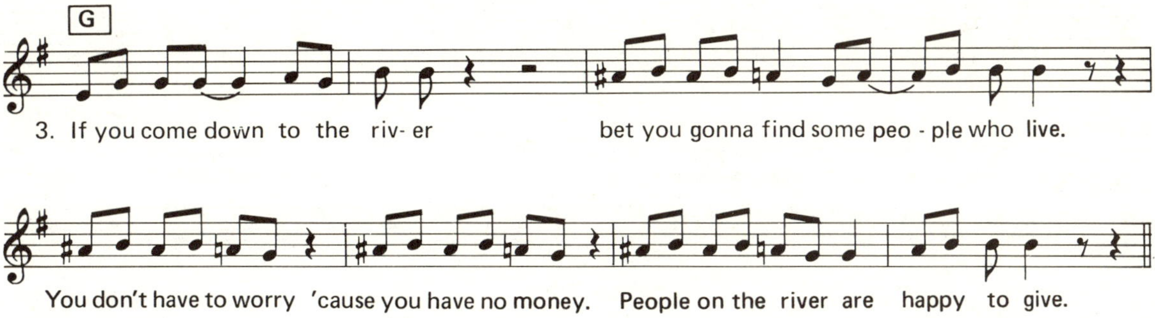

CHORUS *(fade out)*

(LP: „CHRONICLE")

Zur Ausführung:

Begleitmodell:

Klavier

Hi-hat (+)

Snare-drum

Bass-drum

Baß und Gitarren werden ähnlich eingesetzt wie bei „Bad Moon Rising" (Seite 42).
Im CHORUS Klatschen auf 2 und 4.

Take me Home Country Roads

(LP: „JOHN DENVER LIFE AT THE SIDNEY OPERA HOUSE")

Zur Ausführung:

Dieser bekannte Country-Song sollte am besten nur mit der akustischen Gitarre begleitet werden. Zur Not kann man das Finger-Picking der Gitarre auch auf das Klavier übertragen (siehe INTRO).

Bei gemischter Vokalbesetzung singen die Mädchen die Oberstimme im CHORUS eine Oktave tiefer, um den engen Satz zu bewahren.

Neil Diamond

Song, Sung Blue

NEIL DIAMOND

(LP: „A HOT AUGUST NIGHT")

Zur Ausführung:

Begleitmodell: Gitarre

Die Stabspiele spielen die Harmonien in den ersten 8 Takten und die angegebenen Übergänge.

Snare-drum (Besen)

Hi-hat (+)

Bass-drum

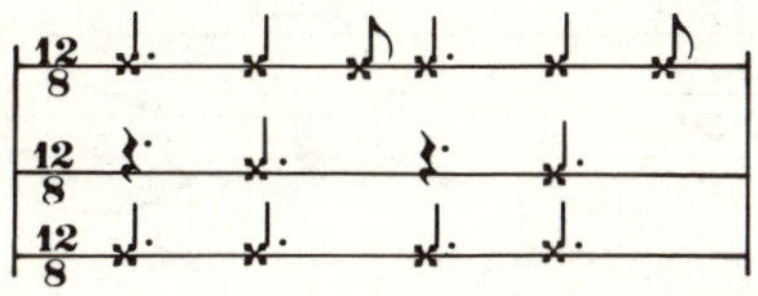

It ain't no Use (Don't Think Twice)

2. It ain't no use in turnin' on your light, babe,
that light, I never know it.
It ain't no use in turnin' on your light, babe,
I'm on the dark side of the road.
Still I wish there was something you would do or say,
to try and make me change my mind and stay.
We never did too much talkin' anyway.
So don't think twice, it's all right.

3. I'm walkin' down that long lonesome road, babe,
where I'm bound I can't tell.
But goodbye's too good a word, gal,
so I'll just say "Fare thee well".
I ain't say'n you treated me unkind,
you could have done better, but I don't mind.
You just kind a wasted my prescious time.
But don't think twice it's all right.

4. It ain't no use in callin' out my name, gal,
like you never did before.
It ain't no use in callin' out my name, gal,
I can't hear you anymore.
I'm thinkin' and wonderin' all the way down the road.
I once loved a woman, a child, I'm told,
I gave her my heart but she wanted my soul.
Don't think twice it's all right.

(LP: „MORE BOB DYLAN GREATEST HITS")

Zur Ausführung:

VERS 1 und 2 werden einstimmig, VERS 3 wird mit der oberen Begleitstimme, VERS 4 wird dreistimmig gesungen.
Die Textstellen „Don't think twice, it's all right" sind solistisch auszuführen.

Begleitinstrumente sind akustische Gitarre und Kontrabaß oder E-Baß. Wird statt dessen ein Klavier verwendet, ist folgendes Begleitmodell denkbar:

Bob Dylan

Wolfgang Ambros hat diesen Dylan-Song in den Wiener Dialekt übertragen und interpretiert ihn mit den üblichen Rockinstrumenten härter und rhythmischer.

Wolfgang Ambros

Denk ned noch

Es hot kan Sinn, daß'd dasitzt und mi anhörst,
Jetzt is doch eh scho ois egal.
Es hat kan Sinn, daß 'd dasitzt und mi anhörst,
Daß aner fortgeht, is doch ganz normal.
Wannst aufstehst in der Fruah und aus 'm Fenster schaust,
Bin i längst scho furt und auf der Straß'n drauß,
I bin nur ganga, bevorst mi außehaust, aber
Denk net noch, es geht vorbei.

Bitte, drah koa Liacht auf, weil i brauch koans,
Wann i oamol „na" sog, dann is „Na"!
Bitte drah koa Liacht auf, weil i brauch koans,
I find mein Weg im Finstern a!
Ganz hamlich wünsch i mir, daß d' no was Leiwandes sogst,
Zum Beispiel könntest sogn, daß d' mi trotzdem no mogst,
Aber i woaß eh, daß di mim Redn a bißl plogst,
Darum: denk net noch, es geht vorbei.

Bitte, hör jetzt auf mit mir zum Streitn,
Loß mi fünf Minuten no in Ruah,
Bitte, hör jetzt auf mit mir zum Streitn,
I horch dir sowieso scho nimmer zua.
I wunder mi, daß i mit dir so eig'fahrn bin,
Früher warst so anders, so liab wia a Kind,
Aber so was ändert sie halt manchmal sehr geschwind, darum:
Denk net noch, es geht vorbei.

I geh auf einer langen finstern Straßn.
Wo i higeh, des waß i net,
I geh auf einer langen, finstern Straßn,
I waß nur ans, es is no net zu spät,
Daß d' unguat zu mir warst, des könnt i eigentlich net sagn,
Nur daß i so viel Zeit vertoan hab, des liegt mir a bißl im Magn,
Und i kann dei ganze Blödheit einfach nimmermehr vertrogn, darum:
Denk net noch, es geht vorbei.
Denk net noch es is vorbei.

(LP: „AMPROS LIVE")

Erste Allgemeine Verunsicherung

Fata Morgana

Musik: Gerhard Breit/Klaus Eberhartinger/Nino Holm
Thomas Spitzer/Günter Schönberger. Text: Thomas Spitzer
ERSTE ALLGEMEINE VERUNSICHERUNG

2. Ér folgt den Gesángen, dort wó die Datteln hángen,
dem Trúgbild namens Léila und sáh nicht die Gefáhr
ein álter Beduine sáß auf einer Düne,
biß in die Zechine und sprach: „ ‚Inschalláh!'
Oh Eféndi, man nennt mich Hadschi Hálef-Ibrahim:
Befréie Dich, von ihrem Záuber!
Sonst bist Dú des Todes!" riéf der Muezzin;
und wég war der alte Dattelkláuber!

CHORUS

3. És kroch der Efendi, mehr tót schon als lebendi,
unter heißer Sónne dúrch den Wüstensand!
„Beim Bárte des Propheten, jétzt muß ich abtréten!"
sprách er und erhób noch éinmal seine Hand.
Und er sáh am Horizont die Fáta Morganá,
dann stárb er im Lánde der Aráber.
Die Geier über ihm krächzten: „ ‚Inschalláh',
éndlich wieder ein Kadáver!"

CHORUS

(LP: „Geld oder Leben")

Zur Ausführung:

Dieser skurrile Song lebt hauptsächlich vom übertrieben deutlich vorgetragenen Text, der auch vor bewußt falschen Betonungen nicht zurückschreckt (z. B. Fáta Morganá im 3. VERS).

Die Begleitung stützt sich vorwiegend auf die Achtel-Baßfigur und die Dreiklänge auf der 2. und 4. Zählzeit, die – wie auch im INTRO – von Xylophonen gespielt werden können.

Als rhythmische Grundlage genügen Viertelschläge auf dem geschlossenen Hi-Hat und ein Snare-Schlag auf die vierte Zählzeit eines jeden Taktes. Im Chorus ergänzen in Achtel gespielte Maracas das Rhythmusmuster.

Wie im Original kann an den mit ⊗ bezeichneten Stellen geklatscht werden.

You Make Lovin' Fun

VERS ♩ = 120

Christine McVie
FLEETWOOD MAC

CHORUS

CODA

(LP: „RUMOURS")

Zur Ausführung:

Ein INTRO kann folgendermaßen gestaltet werden:

a) 2 Takte Hi-hat (+)
Snare-drum

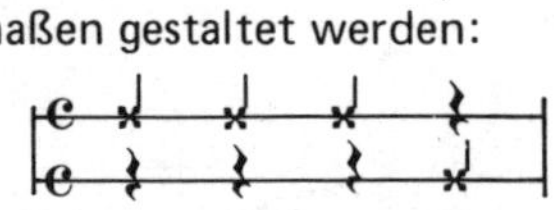

b) 8 Takte Klavier (siehe Begleitung der ersten 8 Takte) mit dem folgenden Begleitmodell:

Hi-hat (+)
Snare-drum
Bass-drum

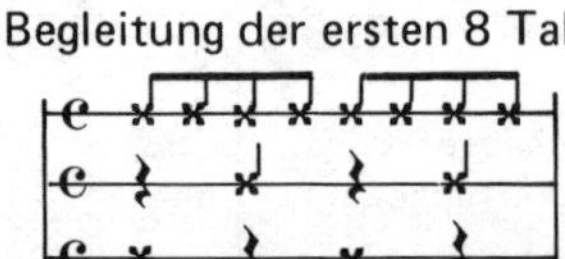

E-Baß

Bei den VERSEN unterstützt der Schellenring das Hi-hat.
Die Begleitung kann bei VERS und CHORUS beliebig variiert werden, z. B.:
CHORUS: Metallophon und Klangstäbe spielen 5 Takte einen D-Dur Dreiklang in halben Noten, T. 6 A-Dur, T. 7 h-Moll. Das Baß-Xylophon spielt die Baßlinie *d – cis – h – a – g* mit.
Das Wort „miracle" kann durch einen Beckenschlag hervorgehoben werden.

This Land is your Land

WOODY GUTHRIE

2. As I was walking that ribbon of highway, I saw above me that endless skyway,
I saw below me that golden valley, this land was made for you and me.

3. I've roamed and rambled and I followed my footsteps to the sparkling sand of her diamond deserts
and all above me a voice was sounding, this land was made for you and me.

4. When the sun comes shining and I was strolling and the wheatfields waving and the dust clouds rolling
a voice was chanting as the fog was lifting, this land was made for you and me.

5. This land is your land, this land is my land. From the ...

(LP: „DAS LAND IST MEIN LAND")

Zur Ausführung:

Die angemessene Begleitung zu diesem patriotischen Lied des großen amerikanischen Folk-Sängers Woody Guthrie (1912–1967) ist natürlich ein Gitarren-Picking. Das Klavier kann eine Nothilfe sein, andere Instrumente sollten nicht herangezogen werden.

Rock around the Clock

Max C. Freedman / Jimmy de Knight
BILL HALEY AND THE COMETS

(LP: „GREATEST HITS")

Zur Ausführung:

Begleitmodell:

Klavier:

Gitarre:

Hi-hat (+)

Snare-drum

Bass-drum

CODA:

Die Coda setzt mit dem letzten (to-)„night" ein:

Zum Song:

„Rock Around the Clock", schon 1953 geschrieben, 1954 auf einer Single erschienen, wurde in Bill Haleys Aufnahme zum ersten ganz großen Erfolg der Rockmusik.

Das lag vor allem an dem 1955 gedrehten Film „Außer Rand und Band", in dem das an sich wenig revolutionäre Lied mit seiner Aufforderung, Tage und Nächte durchzutanzen, zum Symbolsong einer sich von den Traditionen lösenden Generation wurde.

Life is a Long Song

Ian Anderson
JETHRO TULL

(LP: „LIVING IN THE PAST")

Zur Ausführung:

„Jethro Tull"-Stücke haben meist sehr komplexe Strukturen. Auch bei „LIFE IS A LONG SONG" prägt reizvoller Instrumenteneinsatz den Klang. Aber schon eine Begleitung mit akustischen Gitarren, deren Übertragung auf das Klavier in der Bearbeitung versucht wurde, wird dem Song gerecht.

Elton John

Goodbye Yellow Brick Road

Elton John / Bernie Taupin
ELTON JOHN

As F7 B
not a pres - ent for your friends to o - pen, this boy's too young to be
mon - grels who ain't got a pen - ny, sing - ing for tit - bits like
20 Ges As7
sing - ing the blues.
you on the ground.
Des Ges 25 Esm F7
Ah Ah So
CHORUS
B D7 Es B
good-bye yel-low brick road, where the dogs of so - ci - e-ty howl. You
G7 Cm F7 30 B
can't plant me in your pent - house. I'm go - ing back to my plough,

(LP: „GREATEST HITS")

Zur Ausführung:

Das Klavier spielt in halben Notenwerten die angegebenen Harmonien und „fill-ins" (z. B. Takt 6/8/12/16 etc.).

Eine Schlagzeugbegleitung ist nicht Voraussetzung für die Ausführung.

Udo Lindenberg

Sonderzug nach Pankow

Melodie: H. Warren / T. M. Gordon
Text: Udo Lindenberg
UDO LINDENBERG

INTRO ♩ = 152

D H7 E9– A
1.
sing für we-nig mon-ey im Re-pu-blik-pa-last, wenn Ihr mich laßt.
der klei-ne U-do, der
E7 E9– A D E7
2.
darf das nicht und das ver-steh'n wir nicht.
VERS
A
2. Ich weiß ge-nau ich ha-be furchtbar vie-le Freun-de
E D A
in der D-D-R und stündlich wer-den es mehr.
D
Oh E-rich, hey, bist Du denn wirklich so ein stu-rer Schrat,
F A Fis m H7 E7 A
warum läßt Du mich nicht singen im Ar-bei-ter- und Bauern-staat?

CHORUS

VERS (Melodie von VERS 2) 3. Honey, ich glaub', Du bist doch eigentlich ganz locker,
ich weiß, tief in Dir drin bist du doch eig'ntlich auch 'n Rocker,
Du ziehst Dir doch heimlich auch gern die Lederjacke an ...

CODA

(LP: „LINDSTÄRKE 10")

Zur Ausführung:

Begleitmuster:

Zum Song:

Diesen Song schrieb Udo Lindenberg, nachdem er sich jahrelang vergebens um einen Auftritt in der damaligen DDR bemüht hatte. Er benützte dabei die durch Glenn Miller berühmt gewordene Melodie „Chattanooga Choo Choo".

Circle of Steel

INTRO, ZWISCHENSPIEL UND CODA

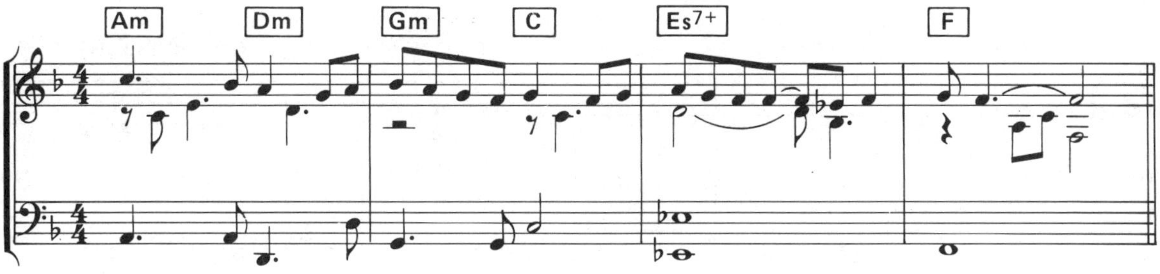

VERSE: 3. Christmas downs and the snow lets up and the sun hits the handle of her heirloom cup.
She hides her face in her hands for a while,
says: "Look here, child, your fathers pride was his means to provide,
and he's serving three years for that reason".

4. "Deck the halls" was the song they played in the flat next door where they shout all day.
She tips her gin bottle back 'til it's gone;
the child is strong. A week, a day, they will take it away,
for they know about all her bad habits.

(LP: „COLLECTION")

Zur Ausführung:

Der Klaviersatz stellt den Versuch dar, den Klang des (originalen) Gitarrenpicking auf das Klavier zu übertragen. Die Baßlinie kann durch E- oder Kontrabaß verstärkt werden. Andere Instrumente sollten nicht hinzukommen.

Zum Song:

In diesem „Weihnachtslied" berichtet der kanadische Folksänger Gordon Lightfoot von der Geburt eines Kindes im Elendsviertel einer großen Stadt. Das Neugeborene hat von vorneherein keine Chance; es steht schon fest, daß es einmal ein Fall für die staatliche Fürsorge sein wird.

Home from the Forest

GORDON LIGHTFOOT

2. His tears fell on the sidewalk as he stumbled in the street. A dozen faces stopped to stare, but no one stopped to speak, for his castle was a hallway, and the bottle was his friend. And the old man stumbled in from the forest.

3. Up a dark and dingy staircase the old man made his way. His ragged coat around him as upon his cot he lay. And he wondered how it happened that he'd ended up this way, getting lost like a fool – in the forest.

4. And as he lay there sleeping a vision did appear. Upon his mantle shining the face of one so dear, who'd loved him in the springtime of a long forgotten year, when the wildflowers did bloom – in the forest.

5. She touched his grizzled fingers and she called him by his name, and then he heard the joyful sound of children at their games, in a farmhouse on a hillside in some forgotten town, where the river runs down – from the forest.

6. With a mighty roar the big jet soars above the canyon streets, and the con men con but life goes on for the city never sleeps. And to an old forgotten soldier the dawn will come no more, for the old man has come home – from the forest.

(LP: „COLLECTION")

Zur Ausführung:

Siehe Anmerkung zu „CIRCLE OF STEEL", Seite 71

Zum Song:

Ein heruntergekommener Vagabund kehrt in die große Stadt zurück, in der ihn niemand kennt und niemand beachtet. Aus seinen Träumen von einer schöneren Vergangenheit wird er unsanft geweckt.

I Shot the Sheriff

Bob Marley
BOB MARLEY AND THE WAILERS

ZWISCHENSPIEL

CHORUS — I shot the sheriff, / but I swear it was in self-defence. / I shot the sheriff / and they say it is a capital offence.

VERS — 2. Sheriff Johan Brown always hated me / for what I do not know, / every time I plant a seed / he said: Kill it before it grow.

ZWISCHENSPIEL

CHORUS — I shot the sheriff, / but I swear it was in self-defence. / I shot the sheriff, / but I swear it was in self-defence.

VERS — 3. Freedom came my way one day / and I started out of town, / all of a sudden I saw Sheriff John Brown / aiming to shoot me down / so I shot — I shot him down.

ZWISCHENSPIEL

CHORUS — ‖: I shot the sheriff, / but I did not shoot the deputy. :‖

VERS — 4. Reflexes got the better of me, / and what is to be must be. / Ev'ry day the bucket go a well, / one day the bottom will drop out, / yes, one day the bottom will drop out.

ZWISCHENSPIEL

CHORUS — ‖: I shot the sheriff, / but I did not shoot the deputy. :‖

(LP „BURNING")

Zur Ausführung:

Die 3. Zählzeit ist stärker betont als die 1. Zählzeit. Nach jedem Vers wird das INTRO (Klavier solo) wiederholt. Bei den Versen sollte man die Besetzung variieren oder reduzieren (z. B. ohne Xylophon, Schellenkranz, Bongos, mit Metallophon). Das Klavier spielt bei den Versen die Harmonien in halben Noten.

Begleitmodelle

CHORUS:

Gitarre oder Xylophon

Kontrabaß oder E-Baß

VERS:

Kontrabaß oder E-Baß

Metallophon, Klangstäbe oder E-Piano

Bass-drum

Hi-hat

Snare-drum (Kante)

Claves

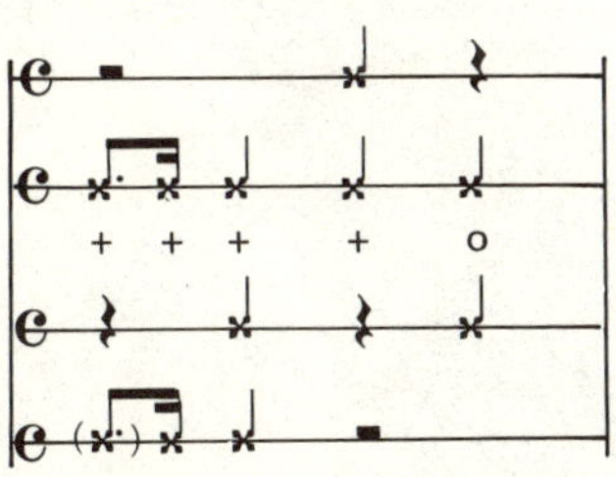

Schellenring

Bongos / Congas

oder

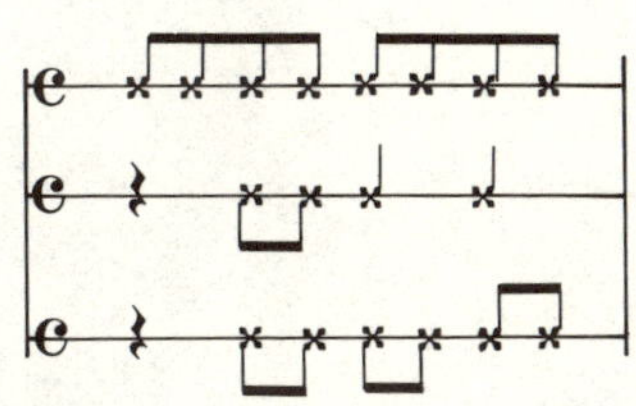

Zum Song:

Reggae wird von den Farbigen Jamaikas gesungen. Durch Bob Marley bekam der Reggae im Laufe der Jahre auch politischen Inhalt. Die Rastafaribewegung wendet sich gegen die Unterdrückung der Schwarzen. Sie manifestiert sich in Äußerlichkeiten wie „Dreadlocks" (langen eingerollten Haaren) und Bärten. Dieses Lied schildert einen Aspekt der ständigen Unterdrückung, den Marley als Protest und Drohung formuliert: „Every day the bucket go a well, one day the bottom go drop out." Der Sänger hat in Notwehr den Sheriff John Brown erschossen, der ihn jahrelang mit seinem Haß verfolgte. Am Tod des Hilfssheriffs ist er unschuldig. Der Sänger schwört, daß es Notwehr war, aber die anderen glauben ihm nicht.

Reinhard Mey

Die heiße Schlacht am kalten Büffet

REINHARD MEY

(LP: „STARPORTRAIT")

2. Da blitzen die Messer, da prallt das Geschirr / mit elementarer Wucht / auf Köpfe und Leiber, und aus dem Gewirr / versucht ein Kellner die Flucht. / Ein paar fette Damen im Hintergrund / tragen Narben auf Hand und Gesicht, / quer über die Nase und rings um den Mund, / wohin halt die Gabel sticht. / Ein tosendes Schmatzen erfüllet den Raum, / es rülpst und es grunzt und es quiekt. / Jetzt hört man des Kellners Hilferuf kaum, / der machtlos am Boden liegt. / Bei der heißen Schlacht am kalten Büffet, / da zählt der Mann noch als Mann. / Und Aug' um Auge – Aspik um Gelee – / hier zeigt sich, wer kämpfen kann – hurra! / Hier zeigt sich, wer kämpfen kann!

3. Nur leises Verdauen dringt noch an das Ohr, / das Schlachtfeld wird nach und nach still. / Aus den Trümmern sieht angstvoll ein Kellner hervor, / der längst nicht mehr fliehen will. / Eine Dame träumt lächelnd vom Heldentod, / gebettet in Kaviar und Sekt, / dieweil sie, was übrigzubleiben droht, / blitzschnell in die Handtasche steckt. / Das war die Schlacht am kalten Büffet / und von dem vereinnahmten Geld / geh'n zehn Prozent, welch noble Idee, / als Spende an „Brot für die Welt" – hurra! / Das war die Schlacht am kalten Büffet, / von fern tönt das Rückzugssignal, / viel Feind, viel Ehr' und viel Frikassee. / Na denn: „Prost" bis zum nächsten Mal – hurra! / Na denn: „Prost" bis zum nächsten Mal!

Mann aus Alemannia

REINHARD MEY

2. Irgendwas verriet mich ganz / offensichtlich auf Distanz. / Also hab' ich eingeseh'n: / Hier muß man subtil vorgeh'n. / Um sich nicht zu unterscheiden / hilft oft schon, sich zu verkleiden, / einen Burnus zu gebrauchen / und schon kann man untertauchen, / gar mit einem Fez geziert / wird man sofort akzeptiert. / Also kauft' ich kurzer Hand / Kopfbedeckung und Gewand. / Um noch wen'ger aufzufallen, / trug ich einen Teppichballen / und ich ließ mir dazu noch eben / Dolch und Wasserpfeife geben. / Unauffällig wie ich war / ging ich schnurstracks zum Basar. / Zögernd stand ich noch davor, / da grölte schon der Händler Chor: / Guck mal, ach nee sieh' mal da: / Mann aus Alemannia.

3. Dieser Fehlschlag nun verdroß / mich doch sehr, und ich beschloß, / dem Erkennungsphänomen / ganz bis auf den Grund zu geh'n. / Um mich völlig zu entstellen, / behängt' ich mich mit Eisbärfellen, / einem Kimono voller Motten / und dem Rock von einem Schotten, / einen grauen Paletot / und roch wie ein Eskimo. / So gelangt' ich unerkannt / durch die Altstadt bis zum Strand, / blieb dort eine Zeit lang stehen, / um den Fischern zuzusehen. / Netze knüpfen, Boote teeren, / die mußt' ich erst mal belehren, / wie man so was richtig macht / und hab' ihnen beigebracht, / wie man rationell Angeln baut. / Da jubelten die Fischer laut: /Guck mal, ach nee sieh' mal da: / Mann aus Alemannia.

4. Dann hab' ich's nochmal versucht / und die Wüstentour gebucht. / Für zweihundert Mark in bar / lieh man mir ein Dromedar. / Hab' das Wüstenschiff erklommen / und bin vom Weg abgekommen, / traf nicht mal mehr Amerikaner, / nur noch eine Fata Mogana. / Stundenlag bin ich verwirrt / in der Wüste rumgeirrt, / dann traf ich eine Person. / „Hallo", rief ich, „Wüstensohn! / Wo geht's denn hier zur Kantine, / hör mal alter Beduine, / bring mich mal rasch zur Oase, / ich hab' meine Bierdurstphase. / Du bist doch hier eingebor'n: Wo gibt's hier 'n Pils und 'nen Korn? / Bißchen dalli, ist das klar, " / da schrie der Mann vor Schrecken starr: / Guck mal, ach nee sieh' mal da: / Mann aus Alemannia.

5. Tags darauf trat ich alsdann / schwer enttäuscht den Heimflug an. / So schloß mein Experiment: / Rätselhafter Orient. / Die Versuche, Land und Leute / zu studier'n, war'n eine Pleite. / Trotz Verkleidung und trotz aller Listen bin ich aufgefallen, / überall sofort erkannt / als ein Mann aus deutschem Land, / ohne jemals zu versteh'n, / wo dran die denn das bloß seh'n. / Erst in Frankfurt nach der Landung / kam die wundersame Wandlung. / Als ich mein Gepäck abholte / und der Zöllner wissen wollte, / was ich anzumelden hab' / und ich nicht gleich Antwort gab, / sagte mir der Mann vom Zoll / väterlich und mitleidsvoll: / „Du wohl Türke, nix Bla-Bla, / neu in Alemannia?"!

(LP: „STARPORTRAIT")

Zur Ausführung:

Im Gegensatz zu den meisten Songs der Liedermacher kann hier eine Klavierbegleitung durchaus stilgerecht wirken:

Der „orientalische" Charakter des CHORUS kann durch Quintbordune (Metallophon o. ä.), Becken- oder Gongschläge unterstrichen werden.

Totus floreo

Text aus „Carmina Burana" (um 1300)
Bearb.: M. Graw, O. Casalich, St. Wolff
OUGENWEIDE

2. Tempus est iocundum, o virgines, modo con gaudete vos iuvenes!

CHORUS

3. Cantat philomela sic dulciter, et modulans auditur, intus caleo.

CHORUS

4. Flos est puellarum, quam diligo, et rosa rosarum quam sepe video.

CHORUS

5. Mea mecum ludit virginitas, mea ma detrudit simplicitas.

CHORUS

6. Veni domicella, cum gaudio! Veni, veni, pulchra! Iam pereo.

CHORUS

(LP: „EULENSPIEGEL")

Zur Ausführung:

Die erste Strophe mit dem anschließenden CHORUS wird – in der Art eines Organums – langsam und rhythmisch frei gesungen. Akkorde werden nur als Klangbasis unterlegt. Beckenklänge (akzentuierte Wirbel mit weichen Schlegeln) unterstützen die Harmoniewechsel.

Als INTRO zur zweiten Strophe spielt das Klavier mit den übrigen Instrumenten folgendes Begleitschema im schnellen Tempo:

Klavier

Congas (Bongos)

Schellenring

Gitarre

Alle weiteren Strophen können mit diesem Muster unterlegt werden. In den ersten vier Takten des CHORUS setzt der Ostinato-Rhythmus aus (Break!); das Klavier kann an dieser Stelle die Harmonien leise unterstützen. Ab dem fünften Takt beginnt wieder das bekannte Rhythmus- und Begleitmuster.

Die zweite Vokalstimme (unteres System) läßt sich auch instrumental ausführen. In den schnellen Strophen, die am besten Einzelsänger übernehmen, kann sie ganz wegfallen.

Zum Song:

In ihren Liedern versuchte die Gruppe „Ougenweide", mittelalterliche Texte mit modernen, rock-orientierten Arrangements zu verbinden. Die Melodie zu „Totus floreo" (aus den „Carmina burana") stammt von Ougenweide.

Leaving on a Jet Plane

John Denver
PETER, PAUL AND MARY

(LP: „GOLDEN STAR PORTRAIT")

Zur Ausführung:

Begleitmodell (wahlweise für Klavier / E-Baß / akustische Gitarre):

Diese 4 Takte können als INTRO vorangestellt werden.

Queen

We are the Champions

VERS ♩. = 66

Freddie Mercury
QUEEN

G
C
13
G
D
few, ______
curise. ______
I've had my
I consider it a
share of sand kicked in my
chal-lenge be-fore the whole human
Ride-Becken
Bass-drum
Em
A7
D
C
D
C
D
C
D
E
face, but I've come
race and I ain't gonna
through
lose
and I need to go
on and on and on and on ___
CHORUS
A
Cis m
Fis m
D
E
We ___ are the cham - pions, my friends, and
Becken
Hi-hat
8va
A
Cis m
D
Fis
we'll ___ keep on fight-ing till the end. ______

Hm
Ddim.
We are the cham - pions, we are the cham - pions,
A
Hm9
C
D7
no time for los - ers 'cause we are the cham - pions
CODA
E7sus 4
Am
Am
of the world.
D
Am
E7 sus 4
CODA
A
I've tak-en my
(world)
We are the
Becken
Hi-hat

Cis m
Fis m
D
E
A
cham - pions, my friends, and we'll ___ keep on
8va
Cis m
D
Fis
Hm
fight - ing ______ till the end. ______ We are the
Ddim.
A
cham - pions, we are the cham - pions, no time for

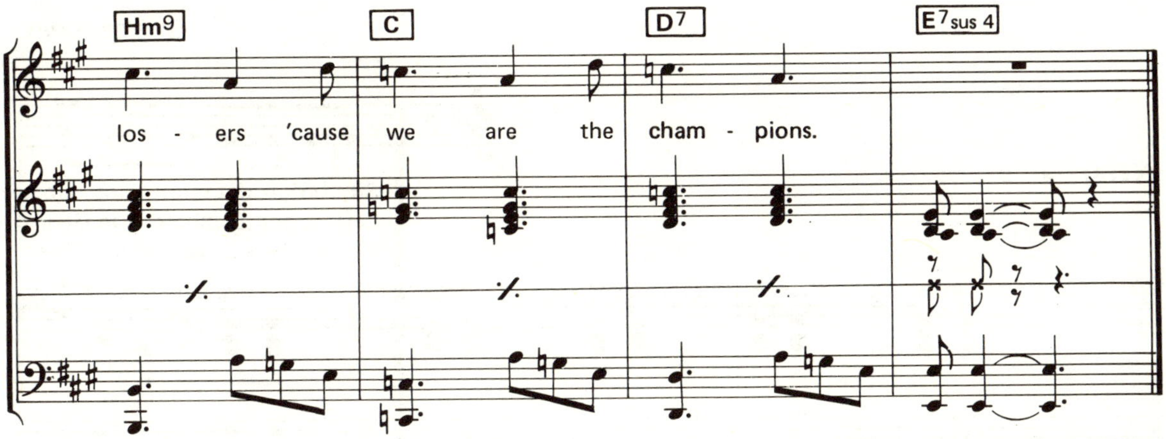

(LP: „NEWS TO THE WORLD")

Zur Ausführung

Der E-Baß übernimmt die Baßstimme des Klaviers. Sind zwei Stimmen notiert, ist immer die untere zu spielen. Zusätzliche Rhythmisierungen sind möglich.

Der Rhythmus der Bass-drum in den Takten 13–17 ist leichter mit der Hand oder einem Schlegel zu spielen.

Die Bass-drum spielt im CHORUS und in der CODA folgenden Rhythmus:

Zum Song:

Die englische Gruppe QUEEN wurde 1970 gegründet. Sänger Freddie Mercury, Sologitarrist Brian May, Bassist John Deacon und Schlagzeuger Roger Taylor beeindruckten im Laufe der Jahre immer wieder durch ihre perfekten Arrangements, eine excellente Aufnahmetechnik und die große Variabilität in ihren Songs. Nach Konzept-Alben wie A DAY AT THE RACES oder A NIGHT AT THE OPERA ließen sie mit THE WORKS der Kreativität der einzelnen Mitglieder viel Raum. Jeder der vier ist als Komponist vertreten. Mit ANOTHER ONE BITES THE DUST (1980) eroberte Queen auch den schwarzen Markt in den USA.

„Wir sind nicht hier, um zu verkünden: Ändere dein Leben, höre einen Queen Song! Unsere Stücke sind keine Botschaften. Hör' sie dir an und entspanne dich dabei." (Mercury)

The Dock of the Bay

OTIS REDDING

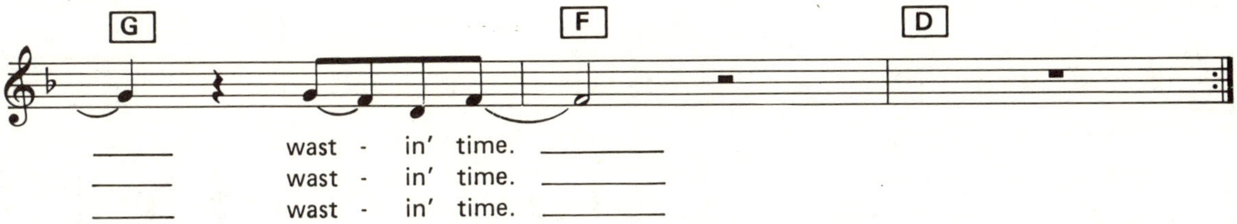

(LP: „OTIS REDDING COLLAGE")

Zur Ausführung:

Die CODA besteht aus den letzten vier Takten, die bis zum *fade out* wiederholt werden.
Die Begleitung kann ähnlich gestaltet werden wie bei Bob Marley's „I SHOT THE SHERIFF" (siehe Seite ~~76~~ 74).

Mother's Little Helper

Mick Jagger / Keith Richard
ROLLING STONES

CHORUS

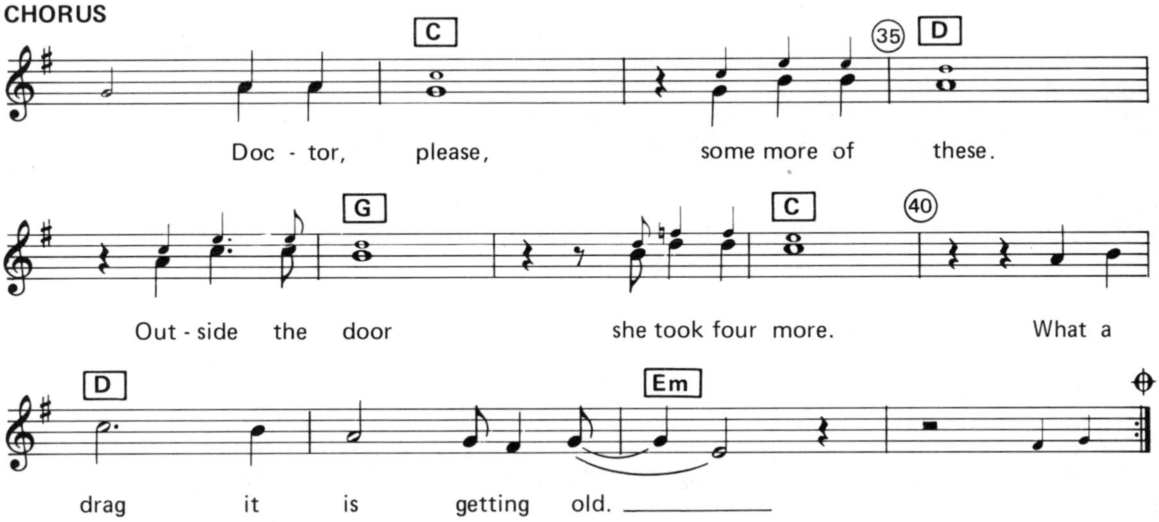

3. „Men just aren't the same today" I hear ev'ry mother say,
they just don't appreciate that you get tired.
So the're hard to satisfy. You can tranquilise your mind,
so go running for the shelter of a mother's little helper
and four help you through the night, help to minimise your plight.

CHORUS

4. „Life's just much too hard today" I hear ev'ry mother say,
the pursuit of happiness just seems a bore
and if you take more of those you will get an overdose.
No more running to the shelter of a mother's little helper,
they just helped you on your way through your busy dying day.

(LP: „BIG HITS, VOL. II")

Zur Ausführung:

Dieser unkomplizierte Song, der in derber Sprache Verhaltensweisen der Erwachsenen unter die Lupe nimmt, ist geprägt von einer durchlaufenden Gitarrenbegleitung mit Two-beat-Bass. Das Schlagzeug, das hier recht sparsam eingesetzt wird, markiert hauptsächlich die Akzente auf 2 und 4 (Snare-drum). Die Pausen in den Takten 21–24 gelten für alle Begleitinstrumente.

Die Instrumentalzwischenspiele, die im Original durch exotische Klangfarben charakterisiert sind, können mit beliebigen Melodieinstrumenten (z. B. auch Violinen) realisiert werden.

Oye como va

Tito Puente
SANTANA

♩ = 126

TEIL D

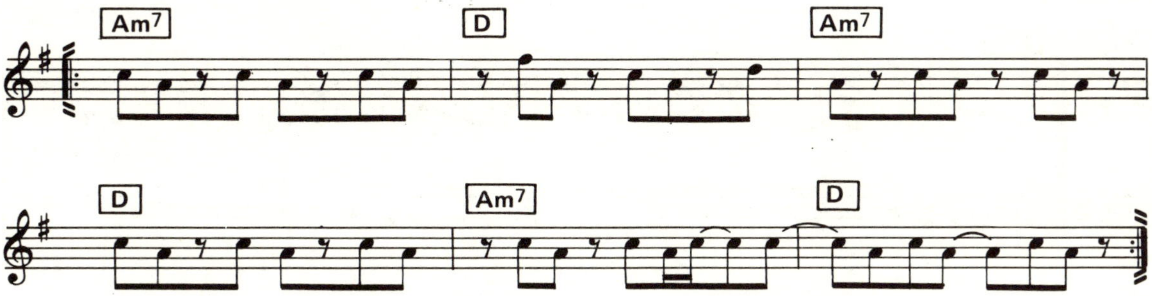

(LP: „ABRAXAS")

Zur Ausführung:

Die hier angegebene vereinfachte Version kann natürlich – wie das Original der Gruppe „Santana" – durch Improvisationen erweitert werden (Gitarren, Keyboard, Querflöte usw.). Sie bewegen sich über dem in TEIL C angegebenen Harmonieschema.

Für die notierten (der Santana-Fassung angenäherten) Teile kommen in Frage:

TEIL C: E-Gitarre, Querflöte (oktaviert!), Violine, Klavier
TEIL D: Stabspiele, E-Gitarre

Möglicher Ablauf der Teile: 𝄆 A 𝄇 – 𝄆 B 𝄇 – A – C – A – 𝄆 D 𝄇 – 𝄆 B 𝄇 – A

Der (E-)Baß spielt stets die Baßlinie des Klaviers mit. Im TEIL A spielen nur Tasteninstrumente, Gitarren und Baß im notierten Rhythmus. In den übrigen Teilen kann das folgende Modell erweitert und ergänzt werden, es stellt nur den notwendigen Grundrhythmus dar:

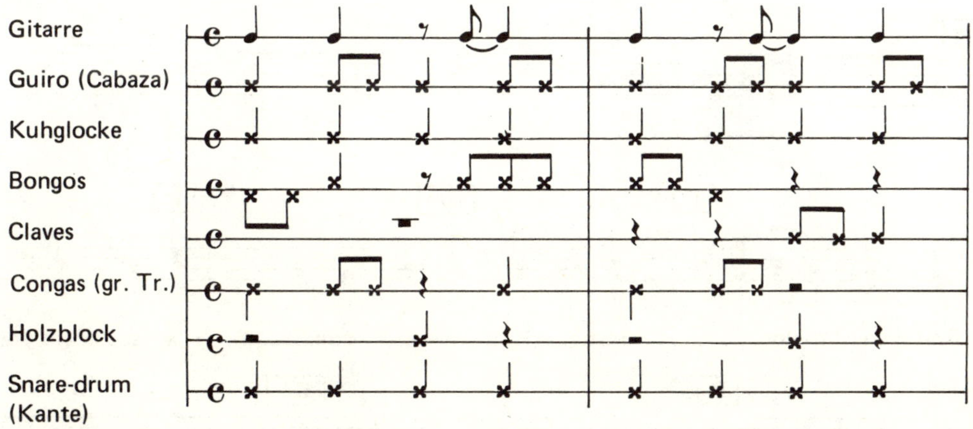

Rhythmische Fill-ins können von einem hohen Tom-tom oder von den Bongos gespielt werden. Besonders sollen sie jeweils den Beginn eines neuen Teiles vorbereiten.

Zum Song:

Das Stück ist ein Musterbeispiel für die Verschmelzung lateinamerikanischer Rhythmik mit Elementen der Rockmusik. Der Text sagt: „Hör auf meinen Rhythmus, Mädchen, wie der in die Beine geht!"

Mrs. Robinson

INTRO 𝅗𝅥 = 92

Paul Simon
SIMON AND GARFUNKEL

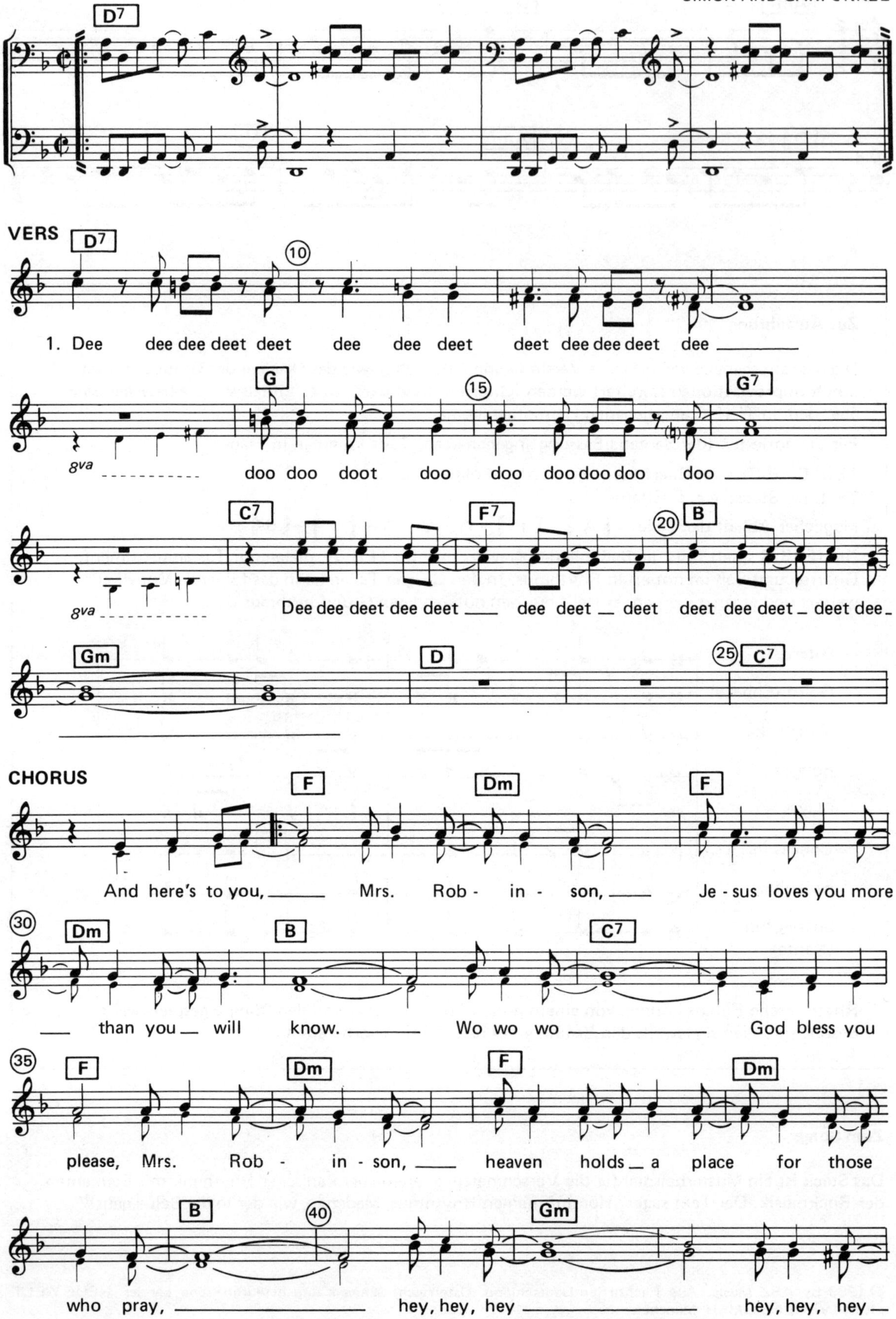

CHORUS

CODA = INTRO mit *fade out*

(LP: „GREATEST HITS")

Simon & Garfunkel

The Boxer

Paul Simon
SIMON AND GARFUNKEL

CHORUS
Am
G
Lie - la - lie, Lie - la - lie la lie - la -
Am
G
lie lie - la - lie. Lie - la - lie la la la la lie -
C
la - la la la lie.
VERS
C
3. Ask - ing on - ly work - man's wag - es I come looking for a
Am
G
job but I get no of - fers, just a come - on from the
C
whores of Sev - enth Av - en - ue. I do de -
Am
G
F
clare, there were times when I was so lone - some, I took some com - fort
C
G7
there. La - la la la la la la.
C
4. Instrumental
Am
G

(LP: „GREATEST HITS")

Rock 'n' Roll Rendezvous

G. Sigl
SPIDER MURPHY GANG

6. Ja und plötzlich um dreiviertel drei in der Friah steht der Nachbar vor der Tür, und er jammert und schimpft, was des für a Krach wär jede Nacht bei ihr.
7. Und er sagt, er hat's gnua und er will jetzt endlich sei Rua' mitten in der Nacht. Doch sie hat ihn ganz unschuldig o'gschaut und ihm d' Tür vor der Nas'n zuagmacht.
8. Sie hat an Stereoplattenspieler o und das Wohnzimmerlicht ausg'macht und die oide Rock'n Roll Scheib'n is g'laffa die ganze Nacht.

(LP: „ROCK'N ROLL SCHUAH")

Zur Ausführung:

Ablauf: INTRO / VERSE 1–5 / CHORUS / INTRO / VERSE 6–8 / CHORUS / INTRO *(fade out)*

Im INTRO setzen zunächst die Stimmen 4 (Baß) und 2 (Orgel oder Melodieinstrument), dann — nach 4 oder 8 Takten — die Begleitstimme 3 (Gitarre, Klavier) und das Schlagzeug ein. Der Vokalpart kommt erst dazu, wenn das INTRO als Zwischenspiel nach dem CHORUS verwendet wird.

Rhythmusmodell: (INTRO und VERSE) (CHORUS)

Hi-hat (+)

Snare-drum (Kante)

Bass-drum

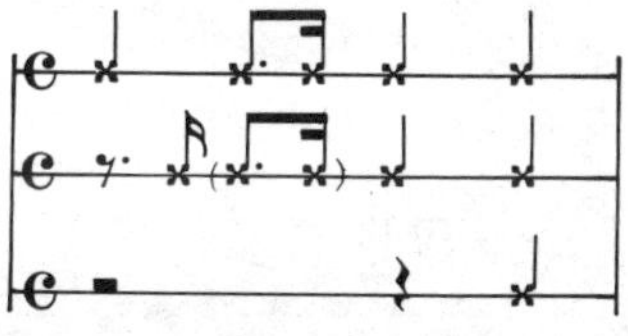

(o) oder Becken

(Fell)

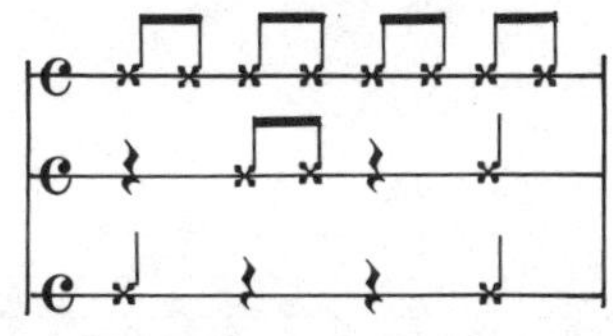

Alle Achtelnoten in der Gesangstimme sollen leicht punktiert werden (siehe Hinweise zur Ausführung, Seite 10). Der CHORUS muß sich von den anderen Teilen im Sound deutlich absetzen: Während die Strophen einen trockenen, reggae-ähnlichen Rhythmus verlangen, steht im CHORUS das Klangliche im Vordergrund (evtl. künstlichen Nachhall verwenden!).

Breakfast in Amerika

Rodger Hodgson / Rick Davies
SUPERTRAMP

(LP: ,,BREAKFAST IN AMERICA'')

Zur Ausführung:

a) INTRO

b) VERS 1

c) VERS 2

d) CHORUS

e) VERS 3 = Vers 1 (im 3. Takt: ,,Don't you look at my girl friend''
statt: ,,Take a look at my girl friend'')

f) CHORUS mit *fade out*

Supertramp

Put on your Old Brown Shoes

Rick Davies / Roger Hodgson
SUPERTRAMP

SOLO-IMPROVISATION

(LP: ,,FAMOUS LAST WORDS'')

Zur Ausführung:

Kontrabaß/E-Baß: Grundtöne im Rhythmus 
in Takt 12 den Übergang *es – e – f*, in Takt 14/15 die Baßtöne mitspielen (ebenso in den entsprechenden Takten)

Sopran-Xylophon: wie in den Takten 2/4 angegeben, auch in den Takten 6/8 und 10/12 (hier verkürzt)

Alt-Xylophon/
Metallophon: in den Takten 14 und 18 die Harmonietöne spielen

Baß-Xylophon: Übergänge *es – e – f* in den Takten 12/14/16/18 verstärken.

Bei gemischten Stimmen können die Mädchen die 2. Stimme eine Otave tiefer als notiert singen. So wird wieder der richtige Klang erreicht.

In der vorliegenden Tonart kann zu der Originalaufnahme von Supertramp mitgespielt werden. Geringe Tonabweichungen müssen mit der Pitch-control des Plattenspielers korrigiert werden.

Begleitmodell: Hi-hat (+)

Snare-drum

Bass-drum

oder

Klatschen auf die 2. und 4. Zählzeit ab Takt 9

Heute hier, morgen dort

HANNES WADER

(LP: „SIEBEN LIEDER")

Schon so lang

HANNES WADER

2. Seh die Kriege, die Not
schon so lang,
Ruinen und Tod
schon so lang.
Seh die Tränen, die Wut,
seh die Wunden, das Blut.
Erwürgt und verfault,
was stark war und gut
schon so lang.

3. Seh die Welt oft im Traum
schon so lang,
als Pilzwolkenbaum
schon so lang.
Euch, ihr Herren der Welt,
Eure Lügen, den Mord
an Millionen, die glauben
an Euer Wort
schon zu lang.

4. Nicht nur Greuel gescheh'n
schon so lang,
hab' die Liebe geseh'n
schon so lang,
seh die Hoffnung, den Mut,
seh den Glauben, die Glut,
und was sich in Gesichtern
von Kindern tut
schon so lang.

5. Bin auf meinem Weg
schon so lang,
zerschlagen und träg
schon so lang,
bin müde und leer,
will nach Süden ans Meer,
bin auf meinem Weg
ohne Wiederkehr,
schon so lang.

(LP: „SIEBEN LIEDER")

Zur Ausführung:

Nach der 2. Strophe kann über die Akkorde B D^7 nach G-Dur moduliert werden. Die 5. Strophe wird wieder in F-Dur gesungen (Modulationsakkorde: B F C F).

Das geeignetste Begleitinstrument für die beiden Wader-Lieder ist natürlich die Gitarre. Eine unaufdringliche Klavierbegleitung ist aber ebenso denkbar:

Der alte Kaiser

Fm (c)
träumt in die ver - gol- de - ten Pa- lä- ste strö-men
Fm (es)
Rat- ten und in den
Des
Sä - len sei-en wil-de Pfer-de auf - ge -
Fm
zäumt. Die rit-ten
Bm
To - te und ein dump - fes
Gm
Kla - gen zer- riß die
Bm
Er - de und der Kai - ser
Gm
flieht und schreit zum
Hm
Mond hinauf. Dich muß ich

As m
Hm
C4/7
ha - ben und hofft auf ei - nen der ihn in den Him-mel zieht.
CHORUS doppeltes Tempo
Am9
Dm7 Am7/11
Am9
Dm7 Am7/11
Schlaf, Kai - ser schlaf, denn
mor-gen wer - den sie kom-men.

2. Der alte Kaiser steht im Garten und wird älter
und ängstigt sich und hebt verwirrt die Hand.
Die kaiserlichen Nächte werden kälter,
ein kalter Atem überfällt das Land.
Schon schmieden sie am Horizont die Schwerter,
Der Glanz der fetten Zeiten ist verpufft.
Der Kaiser spürt: er war schon mal begehrter,
und gräbt sich eine Kuhle in die Luft.
Schlaf, Kaiser schlaf,
denn morgen werden sie kommen.
Du hast ihnen viel zu viel
von ihrem Leben genommen.

3. Der alte Kaiser steht zum letzten Mal im Garten.
Noch ein paar Stunden, und der Kaiser war.
Er läßt die Arme fallen, die viel zu zarten,
und wittert und ergibt sich der Gefahr.
Die Tränen der Paläste werden Meere.
Sogar die Ratten fliehen mit der Nacht.
Und mit der neuen Sonne stürmen stolze Heere
die alte Zeit und ringen um die Macht.
Stirb, Kaiser, stirb,
denn heute noch werden sie kommen.
Du hast eben viel zu viel
von ihrem Leben genommen.

(LP: „GENUG IST NICHT GENUG")

Zur Ausführung:

Wie in fast allen Songs verzichtet Konstantin Wecker auch hier auf das Schlagzeug. Stattdessen übernehmen neben dem Klavier Stabspiele (Xylophon, Glockenspiele) rhythmische Funktion. Im CHORUS können deshalb markant gespielte Xylophone die akzentuierten Schläge unterstützen:

Der Basiston *a* wird von Cello, Kontrabaß, Synthesizer oder auch – rhythmisiert – von tiefen Xylophonstäben gespielt:

oder

Während die Strophen von einer Solostimme interpretiert werden müssen, ist es beim CHORUS möglich, eine größere Gruppe singen zu lassen. Cello und Kontrabaß können auch bei den Strophen die Baßtöne des Klaviers unterstützen.

Das Vorspiel zum letzten CHORUS (nach der 3. Strophe) läßt sich gut improvisatorisch ausgestalten. Über die beiden Basistakte können Xylophon oder Cello akzentreiche Melodiepassagen (Tonalität: a-Moll) frei erfinden.

I Just Called to Say I Love You

STEVIE WONDER

CODA

2. No summer's high, no warm July,
no harvest moon to light one tender August night,
no autumn breeze, no falling leaves,
not even time for birds to fly to southern skies.

No Libra sun, no Halloween,
no giving thanks to all the Christmas joy you bring.
But what it is, though old so new,
to fill your heart like no three words could ever do!

(LP: „THE BEST OF STEVIE WONDER")

Zur Ausführung:

Dieser Song ist mit einem unkomplizierten Rhythmusmuster unterlegt, das bis auf wenige Breaks (z. B. zwischen VERS und CHORUS) unverändert bleibt:

Die Baßfigur mit den Wechselnoten ist ein typisches Merkmal dieses Songs und sollte vom Klavier bzw. E-Baß beibehalten werden.

Der dreistimmige Vokalsatz im CHORUS muß so gesungen werden, daß die mittlere Stimme als Hauptstimme führend bleibt.

Zur Steigerung kann der CHORUS bei der letzten Wiederholung um einen Halbton nach oben transponiert werden.

Minimal Model

Vorlage für eine Minimal-Music-Improvisation

♩ = 138

VALENTIN SCHMITT

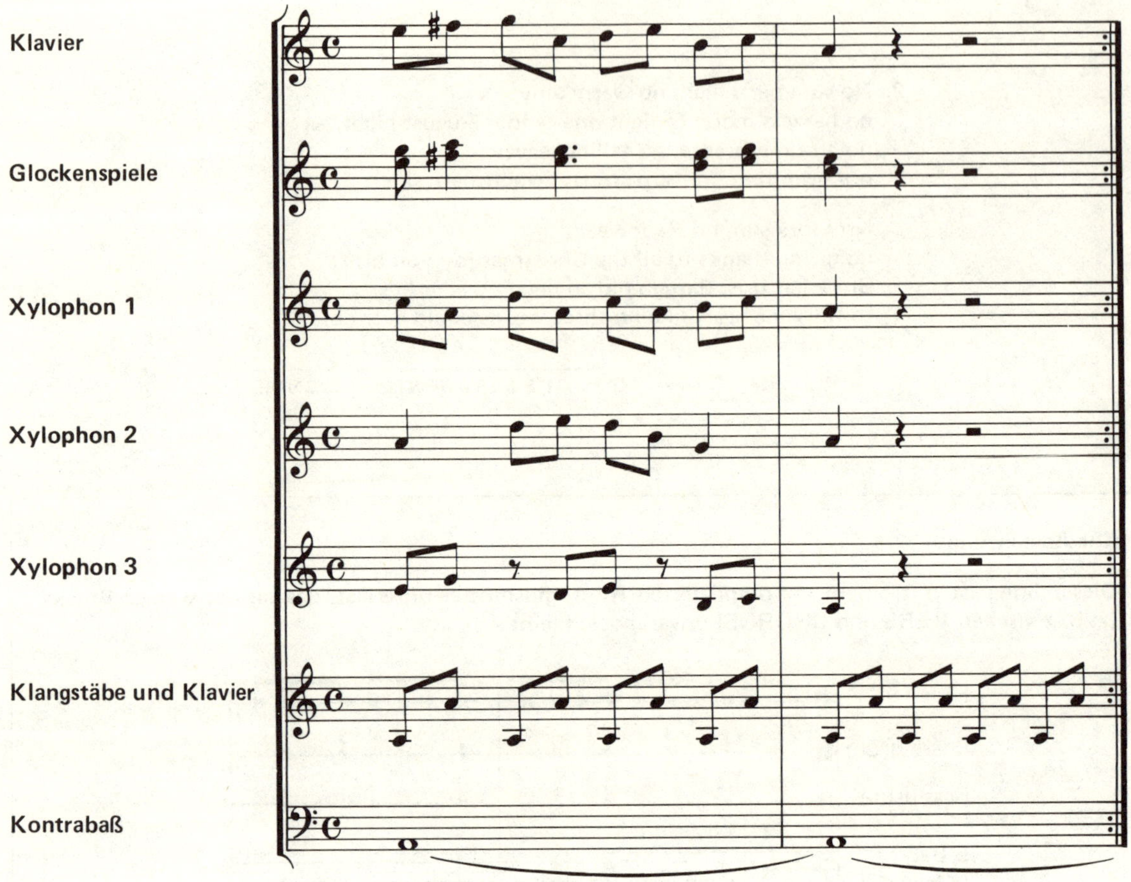

Tonvorrat für Improvisation

(Fl, Vl, Gesang-Vokalisen etc.)

Mögliche Tonfolge einer Improvisation

(auch Spiegelung und Krebs verwendbar!)

Beispiel für eine Rhythmisierung der Tonfolge

Zur Ausführung:

Die zweitaktigen Phrasen stellen Bausteine für eine frei zu bildende Form dar. Sie können beliebig zusammengesetzt werden, sollen aber im größten Teil des Stückes gleichzeitig erklingen. Dabei darf sich – außer der improvisierenden Stimme – keine Figur in den Vordergrund drängen: die Kleinstruktur muß sich immer dem Gesamtklang unterordnen. Für die Improvisation, die z. B. das Zentrum im Gesamtaufbau bilden kann, wird man lange Notenwerte wählen, damit sie sich vom fortlaufenden Klangteppich abhebt.

Rhythmusinstrumente können eingebaut werden; besonders für erste Versuche empfiehlt es sich, das Metrum auf einem gedämpften Becken oder auf dem geschlossenen Hi-hat zu markieren. Mit gewandten Schülern ist eine Rückung um eine Quart nach unten (tonale Basis e) möglich; der Tonvorrat bleibt derselbe.

Zur Verdeutlichung sei ein denkbarer formaler Ablauf aufgezeigt:

Teil A:
- Einsatz des Basses im *pp*
- Wirbel auf Becken oder Gong mit cresc.
- Einsatz des Klaviers
- Metrumschläge auf dem Hi-hat setzen ein
- Sukzessiver Einsatz der anderen Stimmen
- Cresc. aller Stimmen über eine längere Strecke
- Wirbel auf Gong *f* — *ff*

Teil B:
- Rückung nach e, Dynamik nimmt rasch ab
- Soloimprovisation über dem Klangteppich
- Nach der Improvisation rasch steigende Dynamik
- Wirbel auf Gong, Rückung nach a

Teil C:
- Rückentwicklung (umgekehrter Ablauf wie in Teil A, bis der Baßton alleine verklingt)

Die Bezeichnung „Minimal Music" entstand in Anlehnung an den Stilbegriff „Minimal Art" in der bildenden Kunst. Mit dem Terminus sollen Stücke charakterisiert werden, in denen das meist sehr einfache musikalische Material in ruhigem Ablauf geringfügigen Veränderungen unterworfen wird (Steve Reich, Terry Riley). Zu ähnlichen Gestaltungsprinzipien gelangten Musiker der Popszene (Mike Oldfield, Tangerine Dream) wohl hauptsächlich durch die Beschäftigung mit außereuropäischen Musikkulturen meditativer Grundhaltung (Gamelan-Musik).

Rap-Motion „I'm Down"

♩ = 92

Rhythmus- und Begleitmuster:

VALENTIN SCHMITT

Textvorschlag:

VERS

CHORUS

Zur Ausführung:

Grundlage dieses Rap-Modells bildet eine Baßfigur von vier Takten. Dieser typische Baßgang wird von einem extrem motorischen Rhythmus untermauert, der möglicherweise auch von einem elektronischen Rhythmusgerät erzeugt werden kann. Kurze „Riffs" (Xylophonstimmen) unterstützen die Rhythmik und die harmonische Basis, die beim Rap nur in seltenen Fällen von durchlaufenden Akkorden der Gitarre oder des Keyboards bestimmt wird.

Die notierte viertaktige Phrase kann als Intro, als Zwischenspiel und – reduziert in Besetzung und Dynamik – auch als Begleitung des Textteiles dienen. Da jede Strophe wiederholt wird (im Wechsel zwischen Vorsprecher und allen), paßt sie genau in das viertaktige Begleitschema.

Der Text bei diesem Modell stellt nur eine von vielen Möglichkeiten dar; es kann jederzeit auch ein anderer englischsprachiger oder deutscher Text benützt werden. Wichtig ist, daß er fast übertrieben artikuliert wird. Durch ihre Kurzsilbigkeit erfüllt natürlich die englische Sprache am leichtesten diese Forderung. Aber es gibt auch viele Beispiele von deutschen, oft dialektgefärbten Texten, die sich gut zur rhythmischen Behandlung eignen (vgl. C. Orff, E. Jandl). Wird der Vokalpart von einer ganzen Gruppe realisiert, darf die Sprechtonhöhe nicht zu tief angesetzt sein, um Synchronität zu erreichen. Bei den Noten, die mit ↘ oder ↗ gekennzeichnet sind, gleitet die Sprechhöhe deutlich nach unten bzw. oben. Zwischen den Strophen lassen sich auch reine Rhythmuspassagen mit Instrumenten oder Geräuschsilben improvisieren.

Zum Song:

Rap entstand in den Ghetto-Stadtteilen New Yorks. Im Zusammenhang mit Tanzmoden wurde er auch in Europa populär. Kennzeichen des Rap sind die motorische Rhythmik und der charakteristische Sprechgesang, der das melodische Element weitgehend verdrängt hat.

Salsa-Rhythm „La Fiesta"

♩ = 144

VALENTIN SCHMITT

RHYTHMUSINSTRUMENTE

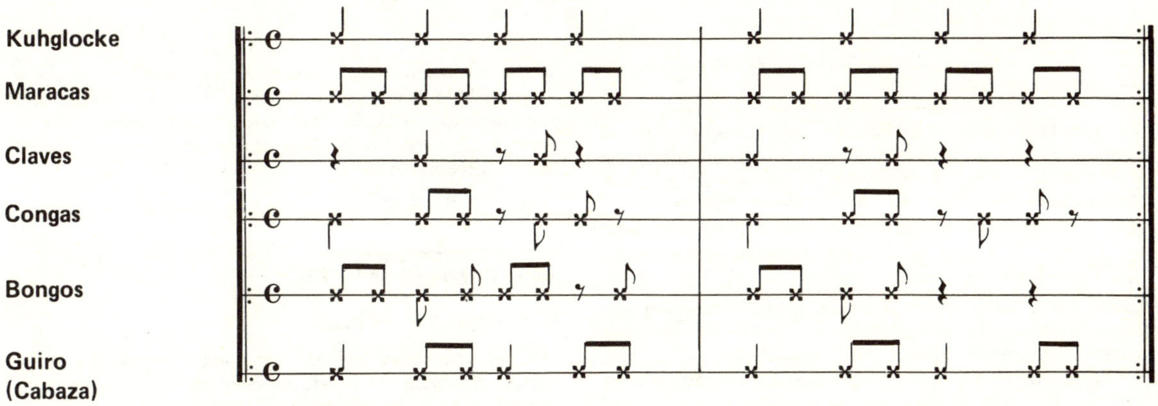

Ü

Zur Ausführung:

Die zweitaktige Phrase im Modell dient als Grundbaustein für ein Stück im Salsa-Stil. Es wird am besten, vom Baß aus beginnend, nach oben aufgebaut bis zur Zeile V. Wenn die Vokalstimmen hinzugenommen werden, sollte die führende Melodiestimme V aus klanglichen Gründen aussetzen. Vom Einsatz der Vokalmelodie VII an verläuft das Stück in achttaktigen Phrasen.

Der Rhythmusblock kann entweder sukzessiv oder geschlossen in das Stück integriert werden und soll eine stabile Grundlage darstellen. Nach einer organischen Zeiteinheit (acht, sechzehn, zweiunddreißig Takte) folgt auf ein Zeichen die Unisono-Überleitung (Ü); die beiden Takte können wiederholt werden.

Nun lassen sich beliebige Improvisationsteile anfügen, wobei als Basis die Zeilen I bis IV und der Rhythmusapparat verwendet werden. Als Tonmaterial für eine Improvisation bietet sich die E-Moll-Tonleiter an, als Instrumente eignen sich z. B. Querflöte, E-Gitarre, Xylophon. Den Abschluß eines Soloparts bildet immer die Überleitungsphrase (Ü). Um die Gesamtform abzurunden, sollten am Ende die Melodiepassage V bzw. die Vokalstimmen noch einmal auftauchen.

Im Salsa (wörtlich: Soße), einem Musikstil, der im östlichen Nordamerika hauptsächlich von Puertoricanern geprägt wurde, mischen sich lateinamerikanische Klänge und Rhythmen mit Pop- und Rockelementen. Vor allem die elektrisch verstärkten Instrumente wie E-Baß, E-Gitarre, E-Piano grenzen die Salsa-Musik von der reinen Folklore ab.

Übersetzungen

Bei allen Übersetzungen wurde das Hauptgewicht auf eine möglichst wortgetreue Wiedergabe der Texte gelegt. Literarischen Ansprüchen wollen die Übersetzungen nicht genügen.

Money, Money, Money (S. 13)

Tag und Nacht arbeite ich nur, um meine Rechnungen zu begleichen, ist das nicht traurig? Und trotzdem bleibt nie auch nur ein Pfennig für mich übrig, das ist wirklich dumm! In meinen Träumen hab' ich einen Plan: Wenn ich mir einen reichen Mann angelte, müßte ich überhaupt nicht mehr arbeiten; ich könnte meine Zeit vertrödeln und Feste feiern.

Geld, Geld, Geld! Es muß schön sein in der Welt der Reichen. Geld, Geld, Geld! In der Welt der Reichen scheint immer die Sonne. Was könnt' ich nicht alles anfangen, wenn ich ein bißchen Geld hätte! Es ist eine Welt der Reichen!

So ein Mann ist schwer zu finden, aber ich krieg' ihn nicht aus meinen Gedanken, ist das nicht traurig? Und wenn er zufällig noch frei wäre, dann würde er sicher nicht gerade auf mich hereinfallen. Das ist wirklich dumm! Also muß ich mich aufmachen nach Las Vegas oder nach Monaco und beim Glücksspiel ein Vermögen gewinnnen. Dann wird mein Leben aber ganz anders aussehen!

Geld, Geld, Geld ...

Fun, Fun, Fun (S. 18)

Sie nahm das Auto ihres Vaters und fuhr zum Hamburger-Drive-In. Sie hat wohl alles vergessen, was sie ihrem Vater über einen Bibliotheksbesuch sagte. Und mit dröhnendem Radio fährt sie, so schnell es geht. So lange wird sie Spaß haben, bis ihr Vater den Thunderbird wegnimmt.

Die anderen Mädchen können sie nicht ausstehen, weil sie geht, aussieht und fährt wie ein As. Sie läßt die 500 Meilen von Indianapolis wie ein römisches Wagenrennen aussehen. Eine Menge Jungen versucht, sie einzufangen. Aber bei ihr strengen sich alle vergeblich an. So lange wird sie Spaß haben, bis ihr Vater den Thunderbird wegnimmt.

Du weißt, dein Vater weiß jetzt besser über dich Bescheid, und seit er dir den Autoschlüssel weggenommen hat, glaubtest du, der Spaß sei nun vorbei. Aber du kannst ja mit mir kommen, wir wissen eine Menge anzufangen, und du wirst Spaß, Spaß, Spaß haben, nachdem dir dein Vater den Thunderbird weggenommen hat.

Sloop „John B." (S. 20)

Wir fuhren auf der Schaluppe „John B.", mein Großvater und ich, und trieben uns in der Gegend von Nassau herum. Wir tranken die ganze Nacht durch, dann geriet ich in eine Schlägerei. Jetzt fühl' ich mich so elend. Ich möchte nach Haus'.

Also setzt die Segel der „John B.", seht, wie das Großsegel sich strafft. Sagt dem Kapitän, er soll landen, laßt mich nach Haus'. Ich fühl' mich so elend, ich möchte nach Haus'.

Der erste Maat war betrunken und brach den Schiffskoffer des Kapitäns auf. Der Konstabler mußte kommen und ihn abführen. Sheriff John Stone, warum läßt du mich nicht in Ruhe; ich fühl' mich so elend, ich möchte nach Haus'.

Also setzt die Segel ...

Der arme Koch bekam den Koller. Er warf meine Haferflocken über Bord, dann klaute er mir mein ganzes Mehl und fraß es auf. Laßt mich nach Haus'; warum laßt ihr mich nicht nach Haus'? Dies ist die schlimmste Reise, die ich je mitgemacht habe.

Also setzt die Segel ...

Good Day Sunshine (S. 22)

Guten Tag, Sonnenschein.

Ich brauche mein Lachen. Und wenn die Sonne aufgegangen ist, habe ich etwas, worüber ich mich freuen kann. Ich fühle mich auf eine besondere Weise wohl; ich bin verliebt, und es ist ein Sonnentag.

Wir gehen spazieren, die Sonne brennt herab, versengt meine Füße, wenn sie den Boden berühren.

Guten Tag, Sonnenschein.

Und dann liegen wir unter einem schattigen Baum, ich liebe sie und sie liebt mich. Sie fühlt sich wohl, sie weiß, daß sie gut aussieht. Ich bin so stolz, ich weiß, daß sie zu mir gehört.

Guten Tag, Sonnenschein.

Maxwell's Silver Hammer (S. 24)

Joan war strebsam, lernte zu Hause „Pataphysik", tief in der Nacht war sie allein mit ihren Reaganzgläsern, oh, oh, oh. Maxwell Edison, Medizinstudent, ruft sie an: „Kommst du mit ins Kino, Joan?" Aber als sie bereit ist zu gehen, klopft es an der Tür:

Bang, bang, Maxwells silberner Hammer traf sie auf den Kopf, clang, clang, Maxwells silberner Hammer brachte sie um.

In der Schule spielt Maxwell wieder den Clown, die Lehrerin wird ärgerlich; um eine unerfreuliche Szene zu vermeiden, befiehlt sie Maxwell dazubleiben, wenn die Klasse gegangen ist. Also wartet er hinten, schreibt 50 mal „Ich darf mich nicht so benehmen." Aber als sie dem Jungen den Rücken zukehrt, schleicht er von hinten an.

Bang, bang, Maxwells silberner Hammer ...

Der Wachtmeister Nr. 31 sagte: „Da haben wir einen besonders üblen Kerl erwischt! Maxwell steht da und malt Testbilder. Rose und Valery schreien von der Empore runter, daß er freigesprochen werden müsse. Der Richter ist anderer Ansicht und er sagt es ihnen auch. Aber sobald diese Worte über seine Lippen kamen, hörte man von hinten ein Geräusch.

Bang, bang, Maxwells silberner Hammer ...

Ob-La-Di, Ob-La-Da (S. 26)

Desmond hat einen Handkarren auf dem Marktplatz, Molly ist Sängerin in einer Band. Desmond sagt zu Molly: „Mädchen, ich mag dein Gesicht", und Molly nimmt ihn bei der Hand und sagt: Obladi, Oblada, das Leben geht weiter, Bruder, und wie das Leben weitergeht!

Desmond nimmt den Bus zum Juwelier, kauft einen goldenen Ring von 20 Karat. Er bringt ihn Molly, die an der Tür wartet. Und als er ihn ihr gibt, fängt sie zu singen an:

Obladi, oblada ...

Nach ein paar Jahren haben sie ein Haus gebaut, ein niedliches Heim. Nach einigen Jahren rennen Kinder im Haus von Desmond und Molly Jones herum.

Glücklich läßt von der Zeit an Desmond die Kinder auf dem Marktplatz Handlangerdienste leisten. Molly ist zu Hause und macht sich hübsch, und am Abend singt sie immer noch mit der Band.

Obladi, oblada ...

Glücklich läßt von der Zeit an Molly die Kinder auf dem Marktplatz Handlangerdienste leisten. Desmond ist zu Hause und macht sich hübsch, und am Abend singt er immer noch mit der Band.

Obladi, oblada ...

Yellow Submarine (S. 28)

In meiner Heimatstadt lebte ein Mann, der zur See fuhr. Und er erzählte uns von seinem Leben im Land der U-Boote.
Wir alle leben in einem gelben U-Boot.
So segelten wir der Sonne entgegen, bis wir das Meer des Grüns fanden.
Wir alle leben in einem gelben U-Boot.
Und unsere Freunde sind alle an Bord; noch viel mehr von ihnen leben nebenan. Und die Band fängt an zu spielen.
Wir alle leben in einem gelben U-Boot.
Wir führen ein bequemes Leben, jeder von uns hat, was er braucht, blauen Himmel und grünes Meer in unserem gelben U-Boot.
Wir alle leben in einem gelben U-Boot.

You've got to Hide your Love Away (S. 30)

Hier stehe ich, halte mir den Kopf,
drehe mein Gesicht zur Wand.
Wenn sie gegangen ist, weiß ich nicht mehr weiter, dann fühl' ich mich wie ein Zwerg.
Immer und überall starren die Leute.
Ich sehe, wie sie über mich lachen und höre sie sagen:
He! Du mußt deine Liebe verstecken!

Wie könnte ich das auch nur versuchen?
In dem Zustand, in dem ich bin, kann ich nie
darüber hinwegkommen, solange ich die Leute sehe und höre.
Wie konnte sie zu mir sagen: „Die Liebe findet schon einen Weg"?
Versammelt euch, all ihr Clowns! Laßt mich euch sagen hören:
He! Du mußt deine Liebe verstecken!

Massachusetts (S. 31)

Ich spüre, daß ich zurück nach Massachusetts gehen werde; etwas sagt mir, daß ich nach Hause mußt. Und alle Lichter in Massachusetts erloschen an dem Tag, an dem ich sie alleine zurückließ.

Ich wollte nach San Francisco mitgenommen werden, um das zu tun, wozu ich Lust hatte. Und alle Lichter in Massachusetts erloschen, sie öffneten mir die Augen, unseren gemeinsamen Weg zu sehen.

Ich erzähle vom Leben in Massachusetts, ich sprech' über die Leute, die ich getroffen habe. Und alle Lichter in Massachusetts erloschen. Massachusetts ist nur ein Ort, den ich kenne.

Memphis, Tennessee (S. 32)

Fernvermittlung, geben Sie mir Memphis, Tennessee; helfen Sie mir, die Teilnehmerin zu finden, die mich angerufen hat. Sie konnte ihre Nummer nicht hinterlassen, aber ich weiß, wer angerufen hat; denn mein Onkel hat die Nachricht entgegengenommen und sie an die Wand geschrieben.

Helfen Sie mir Vermittlung, mit meiner Mary in Verbindung zu kommen. Sie ist die einzige, die mich aus Memphis, Tennessee, angerufen haben könnte. Sie wohnt in der Southside auf einem Hügel, nur eine halbe Meile von der Mississippi-Brücke entfernt.

Helfen Sie mir, Vermittlung, mehr weiß ich nicht, nur daß ich sie vermisse und all den Spaß, den wir miteinander hatten. Aber wir wurden getrennt, denn ihre Mutter war nicht einverstanden und hat unser glückliches Heim in Memphis, Tennessee, zerstört.

Als ich Mary zuletzt sah, winkte sie mir zum Abschied zu; und Tränen flossen ihr aus den Augen und über die Wangen. Mary ist erst 6 Jahre alt, Vermittlung, bitte, versuchen Sie, mich mit ihr in Memphis, Tennessee, zu verbinden.

Living on the Island (S. 36)

Tag für Tag trinken sie und träumen, die alten Männer schauen von der Insel hinaus auf das Meer, sie leben auf der Insel. Drunten im Hafen gibt's etwas zu sehen. Sie schauen den Menschen zu, wie sie kommen und gehen auf der Insel.

Ich möchte die Sonne in meinem Herzen spüren und meine Ängste davonwehen lassen; ich möchte eine Nacht auf dem Meer mit ihr verbringen.

Und droben in den Bergen geht es ihnen gut. Sie genießen den jungen Wein des Sommers auf der Insel.

Ich möchte die Sonne ...

Meine kleine Freundin, die mich liebt, ist das schönste Mädchen, das ich je gesehen habe auf der Insel. Und wenn ich schließlich davonsegle, so weiß ich gewiß, daß ich eines Tages wiederkehren werden auf die Insel.

Another Day in Paradise (S. 38)

Sie ruft dem Mann auf der Straße zu:
„Herr, helfen Sie mir bitte!
Es ist kalt, und ich habe keine Bleibe,
Können Sie mir vielleicht einen Hinweis geben?"

Er geht weiter, kehrt nicht zurück,
er tut so, als ob er sie nicht gehört hätte
fängt beim Überqueren der Straße zu pfeifen an,
es ist ihm offenbar peinlich, hier zu sein.

Sie ruft dem Mann auf der Straße zu,
er kann sehen, daß sie geweint hat,
sie hat Blasen an den Sohlen,
kann nicht mehr laufen, aber sie versucht's.

An den Falten in ihrem Gesicht kannst du es ablesen,
kannst sehen, daß sie schon da war.
Wahrscheinlich wurde sie weggeschickt, wie überall,
weil sie nicht hinpaßte.

Genau betrachtet ist es nur ein weiterer Tag
im Paradies für dich und für mich.

Oh Herr, gibt es nichts, was man noch tun könnte?
Oh Herr, da muß es doch noch etwas zu sagen geben.

Bad Moon Rising (S. 40)

Ich sehe einen bösen Mond aufgehen, ich sehe Leiden, ich sehe Erdbeben und Blitze, ich sehe schlimme Zeiten. Geh' nicht hinaus heut' Nacht, es könnte dich dein Leben kosten. Ein böser Mond geht auf.

Ich höre Stürme toben, ich weiß, das Ende ist nah. Ich fürchte mich vor Wasserfluten. Ich hör' die Stimme von Wut und Zerstörung.
Geh' nicht hinaus heut' Nacht ...

Ich hoffe, du hast alles geregelt, ich hoffe, du bist vorbereitet auf den Tod. Es sieht so aus, als kämen böse Wetter. Ein Auge kostet das andere.
Geh' nicht hinaus heut' Nacht ...

Proud Mary (S. 42)

Einen guten Job in der Stadt hab' ich aufgegeben, wo ich Tag und Nacht für den Boss geschuftet habe; und ich habe keine Minute schlecht geschlafen in Gedanken an das, was hätte sein können. Dreh' dich weiter, großes Rad; „Proud Mary", dampfe weiter auf den Strom!

In Memphis hab' ich eine Menge Geschirr abgewaschen; in New Orleans war ich völlig ausgepumpt. Aber die Sonnenseite der Stadt hab' ich nie gesehen, bis ich vom Schaufelraddampfer mitgenommen wurde. Dreh' dich weiter, großes Rad; „Proud Mary", dampfe weiter auf dem Strom!

Wenn du zum Fluß hinunterkommst, so findest du – da wette ich – Leute, die zu leben wissen. Du brauchst dir keine Sorgen zu machen, wenn du kein Geld hast. Die Leute am Fluß geben dir gerne. Dreh' dich weiter, großes Rad; „Proud Mary", dampfe weiter auf dem Strom!

Take me Home Country Roads (S. 44)

West Virginia, das ist fast wie der Himmel, die Blue Ridge Mountains, der Shenandoah. Das Leben ist schon alt dort, älter als die Bäume, jünger als die Berge, es geht dahin wie ein Windhauch.

Bringt mich nach Hause, Landstraßen, zu dem Ort an den ich gehöre, nach West Virginia, der Mutter der Berge, bringt mich heim, Landstraßen.

All meine Gedanken sind bei ihr, bei der „Miner's Lady", die – fremd dem blauen Wasser – dunkel und im Dunst an den Himmel gemalt ist. Der Nebelgeschmack des Mondscheins*, Tränen in meinen Augen.

Bringt mich nach Hause ...

Ich höre ihre Stimme, in den Morgenstunden ruft sie mich, das Radio erinnert mich an meine ferne Heimat; und wenn ich die Straßen entlang fahre, dann kommt es mir vor, als hätte ich schon längst zu Hause sein sollen.

Bringt mich nach Hause ...

* *„Moonshine" nennt man in Virginia auch den selbstgebrannten Schnaps.*

Song, Sung Blue (S. 47)

Ein trauriges Lied, jeder kennt eins,
ein trauriges Lied, in jedem Garten wächst eins.
Ich und du, manchmal packt uns die Traurigkeit.
Aber wenn du die Traurigkeit nimmst und ein Lied
daraus machst, dann singst du sie wieder weg.

Ein trauriges Lied, weinend wie eine Trauerweide,
ein trauriges Lied schläft auf meinem Kissen.
Komisch – aber du kannst es mit schreiender Stimme hinaussingen; und ehe du es merkst, geht's dir wieder besser – du hast einfach keine Wahl.

It ain't no Use (S. 48)

Siehe die Nachdichtung von W. Ambros, Seite 51

You Make Lovin' Fun (S. 55)

Du lieber, wunderbarer Mensch, du machst mich glücklich. Ist es denn wirklich wahr? Dies Gefühl folgt mir, wohin ich auch gehe. Ich habe nie an Wunder geglaubt. Aber ich fühle, daß es jetzt Zeit wird, es zu versuchen.

Brich den Zauber nicht. Alles würde anders, du weißt das. Du machst die Liebe schön. Ich muß dir nicht sagen, daß du der einzige bist. Ich habe nie an Zauberei geglaubt, aber allmählich frage ich mich warum eigentlich nicht!

This Land is your Land (S. 57)

Dies ist dein Land, dies ist mein Land,
von Kalifornien bis New York Island,
von den Red-Wood Wäldern bis zum Golfstrom.
Dies Land wurde für dich und mich erschaffen.

Als ich die Landstraße entlangwanderte,
sah ich über mir diesen endlosen Himmel,
unter mir sah ich jenes goldene Tal.
Dies Land wurde für dich und für mich erschaffen.

Ich bin weit herumgekommen und habe meine Füße
in den glitzernden Sand der Diamantwüsten gesetzt,
und über mir erklang eine Stimme:
Dies Land wurde für dich und für mich erschaffen.

Ich zog umher und die Sonne ging auf.
Weizenfelder wogten und Staubwolken wälzten sich.
Und als der Nebel sich hob, sang eine Stimme:
Dies Land wurde für dich und für mich erschaffen.

Dies ist dein Land, dies ist mein Land,
von Kalifornien bis New York Island,
von den Red-Wood Wäldern bis zum Golfstrom.
Dies Land wurde für dich und für mich erschaffen.

Rock around the Clock (S. 58)

Zieh' deinen duftesten Fetzen an und komm' mit, Honey,
wir werden Spaß haben, wenn's 1 schlägt.
Wir werden die Nacht durchtanzen, wir werden tanzen, bis die Sonne hell scheint, die ganze Nacht durch werden wir tanzen.

Um 2, 3 und 4 Uhr, wenn die Band abschlafft, werden wir Zugaben verlangen.
Wir werden die Nacht durchtanzen ...

Wenn's dann 5, 6 und 7 schlägt, werden wir in den siebenten Himmel tanzen.
Wir werden die Nacht durchtanzen ...

Um 9, 10, gar 11 Uhr werde ich immer noch voll dabei sein und du auch.
Wir werden die Nacht durchtanzen ...

Wenn es dann 12 schlägt, werden wir uns ein wenig abkühlen, dann starten wir zu einer neuen Runde um die Uhr.
Wir werden die Nacht durchtanzen ...

Life is a Long Song (S. 60)

Wenn du plötzlich aufwachst und den neuen Tag beginnst,
wenn du hörst, wie deine Stimme krächzt, wenn du etwas hervorwürgen sollst:
keine Bange, keine Angst! Ich werde dich aufmuntern:
das Leben ist ein langes Lied.
Wenn du wartest, werde ich dir den Teller füllen.

Wenn die Verse sich entfalten und deine Seele den ganzen Tag leidet,
wenn das Zimmer sich im Mittagslicht dreht,
dann beginnt dein mühsamer Weg.
Seufze nicht, weine nicht,
wisch' den Staub von deinen Augen:
Das Leben ist ein langes Lied,
wir werden uns im sanften Licht der Dämmerung begegnen.

Wenn der Baker-Street-Zug seinen Schmerz über dein neues Kleid schüttet,
wenn dich der symphonische Lärm der U-Bahn quält:
schrei' nicht, wenn du unter die Räder kommst:
Das Leben ist ein langes Lied,
aber das Lied endet zu früh, zu früh für uns alle!

Goodbye Yellow Brick Road (S. 63)

Wann wirst Du's einsehen, wann wirst Du's begreifen? Ich hätte auf der Farm bleiben sollen, hätte auf meinen Vater hören sollen. Du weißt, Du kannst mich nicht für immer halten, ich hab' keinen Vertrag unterschrieben. Ich bin kein Geschenk für Deine Freunde, ich bin zu jung, um schon den Blues zu singen.

Goodby, Yellow Brick Road, wo die High Society sich produziert. Du kannst mich nicht einpflanzen in Deinem Penthouse; ich gehe zurück zu meinem Pflug, zurück in die Wälder, wo die alte Eule ruft, wenn sie die Kröte jagt. Ich habe mich endlich entschieden, meine Zukunft liegt nicht in der Yellow Brick Road.

Was hast Du jetzt vor? Ich wette, das wird Deine Illusionen zerstören. Du wirst einige Wodka-Tonics brauchen, um wieder auf die Füße zu kommen. Vielleicht findest Du Ersatz, es gibt viele wie mich, Bastarde, die keinen Pfennig haben und für Leckerbissen, wie Du es bist, alles tun.

Goodbye ...

Circle of Steel (S. 70)

Lichterreihen in einem stählernen Ring, wo man seine Wetten auf ein großes Rad setzt. Aus hohen Fenstern flimmert Licht durch den Schnee in der Zeit, die du ja kennst. Gestalten und Geräusche von Menschen rundum, alle der Jahreszeit entsprechend.

Ein Kind wurde geboren, zum Sozialfall bestimmt, dort, wo die Ratten herumlaufen, als wären sie zuhause. Das Zimmer ist kalt, das Gebäude alt, so geht es. Ein Doktor wird aufgetrieben, einer für Sozialfälle*, und er kommt und verschwindet wieder, so schnell es geht.

Weihnachten ist vorüber, und es hört zu schneien auf, und ein Sonnenstrahl trifft den Henkel der ererbten Tasse. Sie vergräbt für eine Weile ihr Gesicht in den Händen. Sie sagt: „Schau, Kind, seine Art für uns zu sorgen war deines Vaters ganzer Stolz; nun muß er dafür drei Jahre lang bezahlen."

In der Wohnung nebenan, wo den ganzen Tag geschrieen wird, spielten sie das Lied „Deck the hall". Sie kippt ihre Ginflasche leer. Das Kind ist stark. Über eine kurze Zeit werden sie es ihr wegnehmen, weil sie alles über ihren schlechten Lebenswandel wissen.

** In Kanada gibt es vom Staat bezahlte Ärzte für mittellose Patienten.*

Home from the Forest (S. 72)

Neonlichter blitzten und eisig blies der Wind. Wasser sickerte in seine Schuhe und aus dem Nieseln wurde Schneefall. Seine Augen waren gerötet, seine Hoffnungen längst gestorben und der Wein ausgetrunken. Und der alte Mann kam heim aus den Wäldern.

Die Tränen fielen auf den Bürgersteig, während er durch die Straßen stolperte. Ein Dutzend Gesichter verharrte, um ihn anzustarren, aber keines, um mit ihm zu sprechen. Denn seine Burg war ein Hausgang und die Flasche sein Freund. Und der alte Mann stolperte herein aus den Wäldern.

Der alte Mann stieg ein dunkles, schmutziges Treppenhaus hinauf, er schlug seinen zerrissenen Mantel um sich und legte sich auf sein Feldbett. Er wunderte sich, wie es geschehen konnte, daß es so mit ihm endete, daß er verloren war wie ein Narr – in den Wäldern.

Und als er im Schlaf lag, tauchten Bilder vor ihm auf. Auf seinem Mantel leuchtete das Gesicht einer Geliebten auf, die ihn wiedergeliebt hatte im Frühling eines längst vergessenen Jahres, als die wilden Blumen noch blühten – in den Wäldern.

Sie berührte seine grauen Finger und nannte ihn beim Namen, und dann hörte er die fröhlichen Stimmen von Kindern beim Spiel in einer Farm am Hügel in einer vergessenen Stadt, wo die Flüsse herabflossen – aus den Wäldern.

Mit mächtigem Röhren steigt ein großes Flugzeug über den Straßenschluchten auf. Die Betrüger machen ihr Geschäft, aber das Leben geht weiter, weil die Stadt nie schläft. Für einen vergessenen alten Soldaten bricht nie mehr der Morgen, an, denn der allte Mann kam heim – aus den Wäldern.

I Shot the Sheriff (S. 74)

Ich erschoß den Sheriff, aber nicht den Deputy.

Überall in meiner Heimatstadt versuchen sie, mich fertig zu machen. Sie sagen, daß sie mich für das Leben des Deputy büßen lassen.

Ich erschoß den Sheriff, aber ich schwöre, es war in Notwehr. Ich erschoß den Sheriff, und sie sagen, es war ein Kapitalverbrechen.

Sheriff Brown hat mich immer gehaßt, ich weiß nicht, weshalb. Jedesmal wenn ich etwas Neues begann, sagte er: „Hör auf damit, bevor etwas daraus wird!"

Ich erschoß den Sheriff, aber ich schwöre, es war in Notwehr. Eines Tages entschloß ich mich, alles hinter mir zu lassen. Und ich verließ die Stadt. Plötzlich sah ich Sheriff John Brown, wie er auf mich anlegte. Da schoß ich ihn nieder.

Ich erschoß den Sheriff, aber nicht den Deputy.

Ich hatte die besseren Reflexe; was sein muß, muß sein. Der Krug geht so lange zum Brunnen, bis er bricht, so lange, bis er bricht.

Ich erschoß den Sheriff, aber nicht den Deputy.

Totus floreo (S. 80)

Schweig, Nachtigal, ein Weilchen!
Steig auf, Gesang, aus meiner Brust!

O! O! Ich bin aufgeblüht.
Schon bin ich ganz entbrannt in Liebe für ein Mädchen!
Eine neue, neue Liebe ist es, die mich hinrafft.

Die Zeit ist wonnevoll, ihr Mädchen!
Freut euch, ihr Burschen!

Singt die Nachtigall so süß,
läßt sich mit Melodien hören; in meinem Innern brennt es.

Der Mädchen Blüte ist sie, die ich liebe,
und die Rose der Rosen, die ich sehe.

Meine Unschuld spielt mit mir,
mein arglos Wesen drängt mich zurück.

Komm, mein Fräulein, mit Freude!
Komm, komm, du Schöne, ich bin dahin!

Leaving on a Jet Plane (S. 82)

Meine Koffer sind gepackt, ich bin reisefertig. Ich stehe hier vor Deiner Tür, ich hasse es, Dich zu wecken, um Dir Lebewohl zu sagen. Aber es ist früh am Morgen, das Taxi wartet, der Fahrer hupt schon. Ich bin so einsam, ich möchte sterben.

So gib mir einen Kuß und lächle mir zu, sag mir, daß Du auf mich warten wirst, halt' mich fest, als wolltest Du mich nie gehen lassen. Denn ich fliege jetzt ab und ich weiß nicht, wann ich zurückkomme. Ich will nicht gehen.

Ich habe Dich oft betrübt, oft hab' ich herumgeflirtet. Ich versichere Dir, es bedeutet nichts. Wohin ich auch gehe, ich werde an Dich denken, jedes Lied, das ich singe, sing' ich für Dich. Wenn ich zurückkomme, werde ich Dir den Trauring bringen.

So gib mir einen Kuß ...

Jetzt muß ich Dich verlassen, laß Dich noch einmal küssen; mach' die Augen zu, ich bin schon unterwegs. Träume von einer Zukunft, in der ich Dich nicht mehr allein lassen muß, von einer Zukunft, in der ich nicht sagen muß:

Gib mir einen Kuß ...

We are the Champions (S. 85)

Ich hab' immer meine Schulden bezahlt, ich habe meine Buße getan, obwohl ich kein Verbrechen begangen habe. Ich habe nur wenig schwere Fehler gemacht, man hat mir genug Sand ins Gesicht geworfen, aber ich hab' es geschafft. Und ich muß weitermachen, weiter, weiter.

Wir sind die Champions, Freunde, und wir werden bis zum Schluß dranbleiben. Wir sind die Champions, es ist nicht die Zeit für Verlierer, wir sind die Champions der Welt.

Ich habe meine Verbeugungen gemacht, meinen Applaus bekommen. Ihr habt mir Ruhm und Glanz gebracht und alles, was damit zusammenhängt. Ich dank' Euch allen dafür. Aber ich war nicht auf Rosen gebettet, es war kein Spaziergang. Ich halte es für eine Herausforderung vor allen Menschen und ich werde nicht verlieren. Ich muß weitermachen, weiter, weiter.

Wir sind die Champions ...

The Dock of the Bay (S. 90)

Ich sitze in der Morgensonne, und ich werde immer noch da sitzen, wenn der Abend kommt. Ich schaue den Schiffen zu, wie sie hereinkommen, und ich schaue ihnen zu, wie sie wieder hinausfahren. Ich sitze am Pier in der Bucht, schaue den Gezeiten zu, wie sie kommen und gehen. Ich sitze am Pier in der Bucht und vergeude meine Zeit.

Ich habe mein Zuhause in GEorgia verlassen, hab' mich aufgemacht zur Frisco Bay. Ich habe nichts wofür es sich zu leben lohnte, es sieht auch nicht so aus, als ob sich daran etwas ändern sollte. So sitze ich am Pier in der Bucht, schauche den Gezeiten zu, wie sie kommen und gehen. Ich sitze am Pier in der Bucht und vergeude meine Zeit.

Ich sitze hier und strecke meine Beine von mir. Meine Einsamkeit läßt mich nicht mehr los. 2000 Meilen bin ich herumgezogen, um schließlich diesen Pier zu meiner Heimat zu machen. So sitze ich also jetzt am Pier in der Bucht, schaue den Gezeiten zu, wie sie kommen und gehen. Ich sitze am Pier in der Bucht und vergeude meine Zeit.

Mother's Little Helper (S. 92)

Welche Last es doch ist, alt zu werden!

„Kinder sind so anders heutzutage", höre ich alle Mütter sagen. Eine Mutter braucht heute etwas zur Beruhigung. Und obwohl sie nicht wirklich krank ist, gibt es da eine kleine gelbe Pille. Schnell holt sie die Dose mit Mutters kleinen Helfern. Das hilft ihr, den schweren Tag zu überstehen.

„Alles ist so anders heutzutage", höre ich alle Mütter sagen. Jeden Tag für den Mann zu kochen ist eine Last. Deshalb kauft sie einen Fertigkuchen und läßt das Tiefkühlsteak anbrennen. Schnell holt sie die Dose mit Mutters kleinen Helfern und zwei davon helfen ihr, den schweren Tag zu überstehen. Bitte, Herr Doktor, geben Sie mir mehr davon. Vor der Tür nimmt sie nochmal vier. Welche Last es doch ist, alt zu werden.

„Die Männer sind heutzutage auch nicht mehr das", höre ich alle Mütter sagen. Sie nehmen nicht einmal mehr war, daß du müde bist. Sie sind so schwer zufriedenzustellen. Es gibt etwas, womit du dich beruhigen kannst. Hol' dir schnell die Dose mit Mutters kleinen Helfern; und vier davon helfen dir über die Nacht hinweg, helfen dir, deine Not zu vermindern.

„Das Leben ist heut schon zu hart", höre ich alle Mütter sagen. Das Streben nach Glück ist eine Plage. Und wenn du mehr davon nimmst, hast du eine Überdosis, dann mußt du nicht mehr nach der Dose mit Mutters kleinen Helfern rennen. Sie haben dir geholfen, deinen schweren Todestag zu überstehen.

Mrs. Robinson (S. 96)

Auf Ihr Wohl, Mrs. Robinson! Jesus liebt Sie mehr als sie glauben! Gott segne Sie, Mrs. Robinson, im Himmel ist Platz für die, die beten!

Wir hätten gern ein paar Angaben über Sie für unsere Kartei! Wir würden Ihnen gerne helfen, damit Sie sich selbst helfen können. Schauen Sie: all die verständnisvollen Blicke! Gehen Sie ein bißchen auf dem Grundstück spazieren, bis Sie sich heimisch fühlen!

Versteck's irgendwo, wo niemand hinkommt! Sperr's in den Küchenschrank mit den Keksen – es ist ein kleines Geheimnis – nur Sache der Robinson! Vor allem: du mußt es vor den Kindern verstecken!

The Boxer (S. 99)

Ich bin nur ein armer Junge, wenngleich meine Geschichte nicht alltäglich ist. Meine Widerstandskraft habe ich aufgegeben für eine Handvoll halbverständlicher Versprechungen. Alles Lüge und Spott – doch ein Mann hört das, was er hören will und läßt den Rest außer Acht.

Als ich Heim und Familie verließ, war ich nur ein Junge in der Schar von Fremden, in der Stille einer Bahnstation, scheu werdend, zurückgezogen, suchte die ärmeren Viertel, wo die Lumpenleute sind, ging nur an die ihnen bekannten Orte.

Ich bin auf Job suche, möchte nur einen Arbeiterlohn – aber bekomme keine Angebote. Nur ein „Na, komm" von den Huren auf der Seventh Avenue. Ich gebe zu, manchmal schon habe ich dort Trost gesucht, so einsam war ich.

Dann verkaufe ich meine Winterkleider und wünsche, ich wäre weggegangen, nach Hause, wo die Winter von New York mich nicht zur Ader lassen, mich nach Hause führen.

Breakfast in America (S. 104)

Schau Dir meine Freundin an, sie ist die einzige, die ich bekam. Nicht viel von einer Freundin, ich hatte nie viele. Ich nehme einen Jumbo, fliege über das Meer, ich möchte Amerika sehen. Ich möchte die Mädchen in Kalifornien sehen. Ich hoffe, das wird wahr. Aber ich kann nicht viel dazu tun.

Können wir Räucherfische zum Frühstück haben, liebe Mammi? Die gibt es in Texas, dort ist jeder ein Millionär. Ich bin ein Gewinner, ich bin ein Sünder. Möchtest Du ein Autogramm von mir? Ich bin ein Verlierer, was für ein Spaßvogel! Ich mache meine Späße über Dich, weil ich nichts Besseres zu tun habe.

Put on your Old Brown Shoes (S. 107)

Zieh' deine alten braunen Schuhe an, es ist Zeit, sich aufzumachen. Du weißt, du hast deine Schulden bezahlt, hast alles getan, was du konntest. Es ist Zeit, fortzugehen, nicht mehr zu bleiben. Du und ich, wir sind hilflos; siehst du nicht ein, daß wir gehen müssen? Wir müssen weiter, bis der Irrsinn um uns herum vorbei ist. Für den Rest unseres Lebens wollen wir frei sein!

Vertreib' den Trübsinn des Morgens; wer braucht schon einen Job? Wozu Angst und Unterdrückung? Du weißt, es kann nicht so schwer sein, stell' dich auf deine eigenen Füße, Schluß mit Regenwetter und mieser Laune!

Du und ich, wir sind hilflos; siehst du nicht ein, daß wir gehen müssen? Wir müssen uns aufmachen, den nächsten Zug erwischen, und schon sind wir weg! Für den Rest unseres Lebens wollen wir frei sein!

Zieh' deine Blue Jeans an, Baby!

I Just Called to Say I Love You (S. 116)

Ich rief nur an, um dir zu sagen, daß ich dich liebe
Ich rief nur an, um dir zu sagen, wieviel du mir bedeutest.
Ich rief nur an, um dir zu sagen, daß ich dich liebe,
und es kommt von ganzem Herzen.

Wir feiern nicht Sylvester,
haben keine Schokoladenherzen zu verschenken,
es ist nicht Frühlingsanfang,
kein Lied zu singen,
heute ist nur ein ganz normaler Tag.

Kein Aprilregen, keine Blumenblüte,
kein Hochzeitssamstag im Monat Juni.
Aber was es auch immer ist – es ist wahr,
und es besteht aus diesen drei Worten, die ich dir
sagen muß.

Kein Sommerhoch, kein warmer Juli,
kein Erntemond, der eine zarte Augustnacht erleuchtet,
kein Herbstwind, keine fallenden Blätter,
nicht einmal die Zeit, in der die Vögel dem südlichen
Himmel entgegenfliegen.

Keine Libra Sonne, kein Halloween,
kein Dank für all die Weihnachtsfreude, die du bringts.
Aber was es ist, alt und doch so neu,
es füllt dein Herz wie keine anderen drei Worte es je
könnten.

Alphabetisches Titelverzeichnis

Bildnachweise:

S. 46 Neil Diamond: Rainer Drechsler / New Eyes, Hamburg
S. 50 Bob Dylan: CBS, Frankfurt
S. 52 Erste Allgemeine Verunsicherung: J. A. T.-Photo International
S. 62 Elton John: J. A. T.-Photo International
S. 66 Udo Lindenberg: action press / Succo / Starnick
S. 76 Reinhard Mey: action press / Herbert Ohge
S. 84 Queen: action press / picture power
S. 98 Simon & Garfunkel: action press / stare color picture
S. 106 Supertramp: action press / sipa press